Schriften der Katholischen Akademie in Bayern
Herausgegeben von Franz Henrich
Band 129

DIE FRAU

in der Sicht der Anthropologie
und Theologie

Herausgegeben von
Herlinde Pissarek-Hudelist

Mit Beiträgen von
Wolfgang Beinert, Doris Bischof-Köhler/
Norbert Bischof, Johannes C. Brengelmann,
Hanna-Barbara Gerl, Uta Loeber-Pautsch,
Herlinde Pissarek-Hudelist, Jörg Splett
und Alfons Weiser

Patmos Verlag
Düsseldorf

CIP-Titelaufnahme der Deutschen Bibliothek

Die Frau in der Sicht der Anthropologie und Theologie
hrsg. von Herlinde Pissarek-Hudelist.
Mit Beitr. von Wolfgang Beinert ... –
1. Aufl. – Düsseldorf : Patmos-Verl. 1989
(Schriften der Katholischen Akademie in Bayern; Bd. 129)
ISBN 3-491-77772-0
NE: Pissarek-Hudelist, Herlinde [Hrsg.]; Beinert, Wolfgang [Mitverf.];
Katholische Akademie in Bayern <München>:
Schriften der Katholischen ...

1. Auflage 1989
Umschlaggestaltung: Thomas Brink, Viersen
Gesamtherstellung: Lengericher Handelsdruckerei, Lengerich
3-491-77772-0

Inhalt

Vorwort

Dieses Buch enthält die Referate einer Tagung der Katholischen Akademie in Bayern, die am 28. und 29. Mai 1988 in Bamberg stattfand. Sie stand unter dem Leitthema „Die Frau in der Sicht der Anthropologie und Theologie".

Die Ausschreibung der Tagung hatte die Frage aufgeworfen: „Liegen nicht die Wurzeln des problematischen Verhältnisses zwischen Frau und Kirche im Fehlen einer christlichen Anthropologie der Frau?" Ziel der Tagung sollte daher sein, Beiträge der empirischen Wissenschaften (Psychologie, Soziologie, Biologie) einzuholen und mit Gesichtspunkten der Theologie und Philosophie in Beziehung zu setzen.

Um diesem Anspruch wenigstens ansatzweise gerecht zu werden, erbaten die Veranstalter von den Referierenden etwa halbstündige Statements, um sowohl der interdisziplinären Auseinandersetzung der FachvertreterInnen als auch der Publikumsdiskussion pointiert Anstöße, Profil und Struktur zu geben.

Die hier veröffentlichten Referate bewahren also trotz ihrer Überarbeitung für den Druck etwas von Stil und Eigenart einer Quaestio disputata. Auf ein Streitgespräch hin zugespitzt formuliert, spiegeln sie sowohl sehr verschiedene Forschungsansätze in den Humanwissenschaften wie in Theologie/Philosophie. Diese sind bewußt in ihrer Verschiedenheit, ja Widersprüchlichkeit (z. B. Entwicklungs-/Verhaltenspsychologie, Verhaltenspsychologie/Soziologie, Philosophie/Biologie) stehengeblieben und nicht vorschnell und unredlich harmonisiert. Denn das Thema „Frau" *ist* nach wie vor umstritten, und die Beiträge spiegeln so die wissenschaftliche, gesellschaftliche und kirchliche Realität wider, die hier eben *noch nicht* zu einem Konsens gekommen ist.

Ihre relative Kürze ermöglicht es anderseits den Lesenden, sich über divergierende empirische Grundlagen, Fragestand, Trends und Tendenzen, Defizite, Problemanzeigen und Lösungsversuche einer auch durch Theologie/Philosophie angefragten christlichen Anthropologie zu orientieren und dabei die eigene Sicht deutlicher wahrzunehmen und möglicherweise zu erweitern oder zu verändern.

Außerdem ist zu beachten, daß noch nicht die Zeit gekommen ist, gleichsam „symmetrisch" über Frauen und Männer, Männer und Frauen zu sprechen. Das Übergewicht der männlichen Denktradition, die nahezu ausschließlich als *menschliche* interpretiert wurde, ist noch zu groß. Daher muß, gerade dann, wenn eine künftige Ausgewogenheit zwischen Weiblichem und Männlichem, Männlichem und Weiblichem angepeilt wird, *derzeit* dafür gesorgt werden, daß „Frauen ans Wort kommen", und zwar in einem doppelten Sinn: daß Autor*innen* Gelegenheit erhalten, sich zu äußern, und daß auch in den Beiträgen männlicher Verfasser Seite und Sache der Frau *vorrangig* thematisiert werden. Erst in einem zweiten Schritt geht es darum, eventuelle Auswirkungen auf die Männer offenzuhalten bzw. anzudeuten. Diese *wechselseitige* Bezogenheit des Themas Frau/Mann thematisierten die Verhaltenspsychologie (Brengelmann) und die Entwicklungspsychologie/Biologie (D. Bischof-Köhler/N. Bischof) bereits besonders deutlich. Die wissenschaftstheoretische und zugleich wissenschaftskritische Frage „Selbstverständnis und Abgrenzung von Frauenforschung und feministischer Forschung" ist hier nicht eigens thematisiert, als Problemhorizont einiger Beiträge aber durchaus gegenwärtig.

Eine weitere Bemerkung: Gerade Frauenbewegung und feministische Theologie betonen sehr stark die *Verschiedenheit* der konkreten Frauen, ihrer Lebensformen und ihres sozialen, kulturellen, gesellschaftlichen und kirchlichen Umfelds. Dahinter steht die vielfältige und bittere Erfahrung, wie oft die abstrakte Rede von der Frau von Männern in Gesellschaft und Kirche (und dann auch von Frauen!) dazu mißbraucht wurde, um Frauen auf ihre „Natur" festzulegen und/oder die konkreten sozialen Bedingungen zu verschleiern, unter denen Frauen leben müssen. Die Herausgeberin hat aber hier absichtlich den (nicht von ihr vorgeschlagenen) Tagungstitel auch für das Buch beibehalten. Positiv gesagt soll das Abstraktum „Frau“ das *allen* Frauen *Gemeinsame* ausdrücken, negativ gesehen auf die Versuchung zur Wirklichkeitsferne hinweisen. Bereits die sprachliche Formulierung soll also andeuten, in welcher Chance und Gefahr sich Nachdenken und Reden über „die Frau“ gewöhnlich befinden (ähnliches gilt natürlich auch für „den Mann“, allerdings mit dem bedeutsamen Unterschied, daß Reflexionen über Natur und Wesen des Mannes nie dazu benutzt wurden, den konkreten Mann einzuengen).

Der Beitrag „Das Bild der Frau im Wandel der Theologiegeschichte“ von Herlinde Pissarek-Hudelist hat sich dafür entschieden, den Einfluß von Paulus, Augustinus und Thomas auf dieses Thema mit wenigen Strichen zu skizzieren. Dieses Vorgehen scheint der Autorin die realen Machtverhältnisse und die tatsächliche Wirkungsgeschichte deutlicher zu spiegeln als die – wenigstens ansatzweise durch die hervorragenden Arbeiten von Elisabeth Gössmann möglich gewordenen – weiblichen Selbstdarstellungen. Damit soll es nicht um eine arrogante Schuldzuweisung von einem heutigen Bewußtsein her gehen, sondern um einige bedrängende und ihres Erachtens noch ungelöste Fragen: Hat die negative oder zumindest ambivalente Einstellung von Paulus, Augustinus und Thomas zu so zentralen Lebensbereichen wie Leiblichkeit, Sexualität, Ehe und damit zu Frauen nicht ihre *ganze* Theologie beschädigt, versehrt? Warum ist man so eifrig darauf aus, Paulus, Augustinus und Thomas zu verteidigen und zu „retten“? Warum ist der Eifer, Frauen zu verteidigen und zu retten, weit weniger ausgeprägt? Warum gab es kein Mitleid mit Frauen durch all die Jahrhunderte, sondern nur Erinnern an die eheliche Pflicht? Warum werden die Konsequenzen (z. B. Amtsunfähigkeit der Frau) falscher Prämissen (z. B. Zeugungslehre des Aristoteles) noch mitgeschleppt? Der Beitrag geht also aus von Betroffenheit als Frau und Parteilichkeit für Frauen. In diesem Sinne ist er als Klage und Anklage zu verstehen. Er ist also Ausdruck einer unüberspringbaren Phase von Trauerarbeit, zugleich aber der Versuch, Wege darüber hinaus aufzuzeigen. Denn „Geschichte ist Gegenwart“, Benachteiligung von Frauen in Kirche und Gesellschaft gibt es noch immer. Aber auch die *Kraft* von Frauen wird offenbar, wenn wir die Schätze unserer eigenen Vergangenheit aus Schutt und Asche, oft verstümmelt und beschädigt, ans Licht holen, wobei schmerzt, wie viel wir unwiederbringlich verloren haben.

Jörg Splett versteht in seinem Beitrag „Die Frau in der Sicht einer christlichen Philosophie“ den Menschen grundsätzlich als *Freiheitswesen und Person*, begreift also (im Gegensatz zum Biologen) nicht seine Geistigkeit vom Organischen aus, sondern umgekehrt seine *organische Verfaßtheit* von seinem Geist- und Freiheit-Sein her. Leib(lichkeit) ist dann die Da-seins-Weise menschlicher Person, Geschlechtlichkeit „an diesem Dasein die ausgezeichnete Weise, wie genauerhin das Ich auf das Nicht-Ich verwiesen ist“.

Splett spricht der Geschlechterdifferenz eine große Bedeutung zu. Der biologische Unterschied impliziere eine fundamentale Aufgabenteilung zwischen Mann und Frau, die auf eine Polarität im Personalen zurückweise. Er ist sich daher der Schwierigkeit bewußt, die Differenz zu fassen, versucht aber doch „eine Füllung der (Quasi-)Begriffe Männlich – Weiblich (nicht von Mann und Frau, und schon gar nicht von deren Rollen in unserer Gesellschaft von heute und morgen)“. Er versucht diese Differenz auf dem Weg über das sprachliche In-der-Welt-Sein des Menschen an einigen Unterschieden von männlichem und weiblichem Sprachverständnis und Sprachdenken festzumachen. Zugleich plädiert er für ein rechtes Verständnis dieses Unterschieds in gegenseitiger Bejahung, aber auch gegen dessen (einseitig „männliche“) begriffliche Fixierung. Ein „gemeinsames Unterwegs“ ist daher seine Zielvorstellung.

Johannes C. Brengelmann bietet in seinem Beitrag „Maskulinität und Femininität: Verhaltenseffektivität und Lebensqualität" neueste verhaltenspsychologische Forschungsergebnisse, die auf anglo-amerikanischen wissenschaftlichen Vorarbeiten aufbauen. Der Verfasser umreißt durch eigene Daten zwei Fragen schärfer als bisher: Wie vergleicht sich das biologische Geschlecht mit den Geschlechtsrollen? Welche Besonderheiten kommen den Geschlechtsrollen zu? Da Brengelmann den Eindruck hat, daß die biologischen Differenzen meist sehr viel stärker betont werden als die Gemeinsamkeiten der Geschlechter, behandelt er „die emotionell getragenen Überzeugungsrichtungen des Biologismus und Feminismus" zum besseren Verständnis mit. Sein zentrales Interesse richtet sich nach wie vor auf das die Geschlechtsrollen tragende Verhalten. Da er die soziologischen Konflikttheoretiker für die Provokation emotioneller Vorurteile verantwortlich macht, setzt er sich kritisch mit den Ursprüngen der sozialen Konflikttheorie auseinander und behandelt den Sexismus als sozialen Konflikt. Danach bietet er Beispiele der anfänglichen Erforschung der Geschlechtsrollenstereotypen, eigene experimentelle Beispiele der selbstbeurteilten Geschlechtsrollen, schließlich die wichtigsten Konsequenzen bezüglich Geschlecht und Geschlechtsrolle im Hinblick auf ihre Brauchbarkeit für gesellschaftliche Veränderung.

Brengelmann ist auf der „Suche nach einer sinnvollen Sachbegründung, die zugleich eine praktische Handlungsanweisung liefert". Dabei relativiert er stark das biologische Geschlecht und setzt auf Verhaltenstraining. „Rollen" sind für ihn „die Kombination meßbarer Verhaltensstrategien oder -taktiken, die bei Frauen *und* Männern vorkommen, wenn auch mit gewissen Akzentunterschieden. Gefördert werden können nur konkrete Verhaltensweisen, nicht Rollen als solche. Wir fördern nicht das Geschlecht, sondern die Person." Seine Erwartung an die Zukunft ist, daß einige – nicht alle! – Verhaltenskompetenzen durchaus effektiv verbessert werden können.

Uta Loeber-Pautsch legt „Soziologische Aspekte zur Veränderung der Frauenrolle“ vor. Einleitend greift sie G. Simmel als Beispiel für die Diskussion zur Rolle der Geschlechter im 19. Jahrhundert auf, weil dessen Argumentationsstrukturen noch heute durchscheinen. Das neue Selbstverständnis heutiger Frauen führt sie auf Veränderungen im Bildungsbereich, in der beruflichen Ausbildung und im Verhältnis von Beruf und Familie im Leben von Frauen zurück. *Bildung* verlängert die Schulzeit und bietet daher einen längeren „Schonraum“. Bildung erschließt größere Bezüge außerhalb der Herkunftsfamilie, erweitert die Bildungsinhalte über den Horizont der Erziehung zu Ehe und Familie hinaus, bringt Zuwachs an Wissen und damit an Qualifikation für technisch-instrumentelles und soziales Handeln. Schließlich hat Bildung eine emanzipative Funktion: eigene Interessen zu erkennen, zu formulieren und durchzusetzen. – Beim Übergang vom Bildungs- zum Beschäftigungssystem bestehen allerdings deutliche Benachteiligungen der Frauen. Die subjektive Berufswahl wird primär durch objektive gesellschaftliche Mechanismen gesteuert. Auch schränkt die Antizipation von Ehe und Familie die beruflichen Entscheidungen und Pläne immer schon ein. Aus dieser doppelten Begrenzung resultiert nach wie vor die subjektive Wahl typisch „weiblicher Berufe“. Die Entwicklung im Bildungs- und beruflichen Ausbildungsbereich, das Vorbild und die Erfahrungen, die die jetzige Frauengeneration an die heranwachsenden Mädchen vermittelt, die sozialen und politischen Konflikte um die Realisierung der Berufstätigkeit von Frauen deuten hin auf ein neues Leitbild der Frau, „die auf ihrem Anspruch auf Individualität und Selbständigkeit im Bereich des Berufs und in der Partnerschaft von Ehe und Familie bestehen wird“.

Das Forscherehepaar Doris Bischof-Köhler (Entwicklungspsychologie) und Norbert Bischof (Biologie) umschreibt den „Beitrag der Biologie zu einer Anthropologie der Frau“. In direktem Kontrast zum verhaltenspsychologischen Ansatz insistieren sie sowohl vom Kulturvergleich als auch vor allem von der näheren und weiteren tierischen Verwandtschaft her auf Natur und

Biologie der Geschlechterpolarität. Dies bedeute aber nicht, alles bedingungslos in seinem Sosein zu akzeptieren, sondern schließe auch Umgestalten ein.

Vom Begriff der unterschiedlich großen „Parentalen Investition" bei beiden Geschlechtern (= Aufwand von Anstrengung, Zeit und Risiko pro Einzelnachkomme) gelangen sie über die Darstellung von geschlechtstypischen Verhaltensunterschieden bei Tieren und deren hormonellen Grundlagen zur biologischen Grundlage auch der menschlichen geschlechtsspezifischen Unterschiede. Dies wird ergänzt durch kurze Hinweise auf paläanthropologische Befunde und den etwas ausführlicheren Bezug auf die Buschleute der Kalahari, bei denen sich die (für das Thema wichtige) Lebensform der Jäger-Sammler-Kulturen noch bis in unsere Zeit erhalten hat. Das Autorenpaar kommt zum Schluß, daß geschlechtstypische Verhaltensdispositionen, die wir bei Tieren antreffen, ihre Bedeutung nicht verloren haben, sondern umgekehrt eher eine Bestätigung erfahren. Die Annahme sei somit gerechtfertigt, daß sie immer noch zur Natur des Menschen gehören. Um dies aber unter den Bedingungen der modernen Zivilisation nachzuweisen, werden Befunde aus der Entwicklungspsychologie beigebracht. Die Verfasser thematisieren die sich nach ihrer Meinung daraus ergebenden „Probleme für die weibliche Emanzipation". Sie benennen abschließend zwei Voraussetzungen für eine Verbesserung der Situation der Frau: der gesellschaftliche Wille dazu (der vorhanden ist) und die Absage „an ideologische Selbsttäuschungen bezüglich der natürlichen Veranlagungen".

Alfons Weiser behandelt „Die Frau im Umkreis Jesu und in den urchristlichen Gemeinden". Er setzt beim „Verhalten Jesu gegenüber Frauen an". Hier hebt er zunächst die unterschiedslose Verkündigung des Gottesreichs an Männer und Frauen in Israel hervor. Dann verweist er auf Szenen, wo Jesus Frauen vor Männern rettend in Schutz nimmt. Ebenso erwähnt er die (aus jüdischen Quellen erhobene) Ambivalenz des Eherechts im Frühjudentum, ebenso die Frauengruppe bei Lukas (8,2f). In diesem Zusammenhang spricht er sich dagegen aus, zeit- und kulturbedingte Einschränkungen weiblichen Wirkens *theologisch* auszumünzen bzw. in der Amtsfrage sich auf das Mannsein Jesu zu berufen. Ein weiterer Blick gilt umgekehrt dem Verhalten der Frauen Jesus gegenüber. Diese neuartige Umgangsweise Jesu hing eng mit der Botschaft vom anbrechenden Reich Gottes zusammen: „Die Liebe Gottes, des Vaters, gilt allen, die er als sein Ebenbild, nämlich als Mann und Frau, erschaffen hat."

Der zweite Teil des Referats beschreibt die Wirkung dieses befreienden Verhaltens Jesu auf die „Frau in den urchristlichen Gemeinden". Er zählt mehrere Gründe auf, die dazu führten, daß der Anteil von Frauen an den urchristlichen Gemeinden groß war: das Bewußtsein, zum endzeitlichen Gottesvolk zu gehören, in dem Gott seinen Heiligen Geist unterschiedslos Männern und Frauen schenkt; die Taufe als Initiationsritus; die urchristliche Besinnung auf die Bedeutung des Heilswerkes Christi; der Weg urchristlicher Mission auf den vom Judentum vorgeprägten Bahnen; sozialgeschichtliche Faktoren; die Bedeutung der Hausgemeinden. Ein weiterer Abschnitt behandelt die „aktive Mitwirkung in den Gemeinden und in der Missionsarbeit". Hier verweist er auf Prophetie und Gebet, Hilfe für Notleidende, Fürsorge für Missionare, Dienst an den Hausgemeinden. Er nimmt aber auch Stellung zu gegenläufigen Tendenzen, z. B. zum Schweigegebot. – Im ganzen Beitrag bemüht er sich um eine faire Auseinandersetzung mit den jüdischen Quellen. – Abschließend faßt er zusammen: „Es gingen von Jesus Impulse aus für ein neuartiges gottes- und menschenwürdiges Verhältnis zwischen Mann und Frau. In den urchristlichen Gemeinden verwirklichte sich manches davon in einem hohen Maß gleichwertigen Miteinanders. Die Orientierung am Verhalten und an der Botschaft Jesu sowie an den wegweisenden Lebensformen des Urchristentums ermutigt dazu, daß auch die Kirche unserer Zeit sich auf Neues einläßt: Auf eine noch größere aktive Mitbeteiligung der Frauen, auf die Zulassung zu Diensten und Dienstämtern in der Kirche und auf den Lernprozeß aller Getauften, das partnerschaftliche, sich gegenseitig ergänzende Miteinander zwischen Frau und Mann einzuüben."

Hanna-Barbara Gerl-Falkovitz benennt in ihrem Beitrag „Frau und Kirche" einige Elemente dieser wechselvollen Beziehung. „Das erste und wohl tragende Element der Beziehung also zwischen Frau und Kirche ist – vielleicht unvermutet – die unbedingte Mütterlichkeit der Kirche: ihre zutiefst weibliche Symbolik, in welcher sich die Frau und ebenso die Kirche gegenseitig aneinander erkennen." Ein weiteres Element der gesuchten Beziehung ist die Erfahrung von der Heilung durch das Heilige (worin kein Unterschied von Mann und Frau besteht). Anders gesagt: Die Kirche berührt Frauen (und Männer) kraft der Entsprechung von leiblichen Zeichen und innerer Wirkung. Und nicht umsonst werden auch dabei viele Symbole des Heiligen als „weiblich" dargestellt. – Was die Frau drittens auf die Kirche bezieht: daß das Ansprechen des Geistigen auch und immer die Frau anspricht. Große wie unbekannte Christinnen haben diese Personalität und Gottgerufenheit auch und gerade der Frauen – oft genug gegen die Kulturgeschichte – aus eigener Erfahrung bezeugt. In einem vierten Element einer heute neu geforderten vertieften Beziehung zwischen Frau und Kirche geht es um die Entwicklung einer umgreifenden theologisch begründeten Anthropologie *und* ihre Anwendung auf die Kirche selbst.

Wolfgang Beinerts Beitrag „Die durstigen Töchter der Samariterin oder: Des Gottesvolkes langer Marsch zum Jakobsbrunnen" weist ebenso humorvoll wie sachkundig auf die „Antinomie des kirchlichen Frauenbildes" hin. Er geht von zwei literarischen Beispielen aus: Geoffrey Chaucer stellt innerhalb seiner „Canterbury Tales" (Ende des 14. Jahrhunderts) zwei Frauen gleichsam als Gegenbilder mittelalterlichen Frauseins vor: die „Frau aus Bath" und die Lombardin Griseldis. Auch John Milton (1608–1674) schrieb mit „The Paradise Lost" (1667) und „The Paradise Regained" (1670) eine Art Weltgeschichtsdrama mit dem Thema von Kampf und endlichem Sieg Gottes über Satan. Dabei vertritt Milton die These: Ohne Eva wäre Satan nicht zum Zug gekommen. Im Grunde ist damit nach Beinert – gleichgültig welche Literatur und welche Epoche herangezogen wird – die Mehrheitsmeinung der abendländischen Christenheit dokumentiert. Gleich bleibt auch der Rückgriff auf die biblische Begründung, die unwiderlegbar schien.

Daher geht Beinert im zweiten Abschnitt, „Geschlechterpolarisierung", auf die neuesten Ergebnisse der exegetischen Forschung ein, die aus dem Neuen Testament „die Gleichbürtigkeit, die Heilsanwartschaft und die Heilsverantwortung der Frauen" bezeugen. Zugleich stellt er die Frage, warum sich die Kirchen so schwergetan haben, dies umzusetzen; es gibt ja sowohl bei den Kirchen untereinander als auch in der Gesellschaft die ganze abendländische Geschichte hindurch „einen ökumenischen Konsens und eine Große Koalition – den Antifeminismus". Allerdings zeigt sich ein seltsames Pendeln zwischen Äquivalenz und Subordination. Zwar hat die Kirche daran festgehalten, daß die Frau wirklich und wahrhaftig Mensch ist (!), die Ideale der christlichen Ehe sind frauenfreundlich, die Kirche hält an der Ebenbürtigkeit der Frau in der Gnadenordnung fest – obwohl die Zähigkeit und Mühe, mit der darum gerungen wurde, auch kein Ruhmesblatt für die Kirche darstellt und jedes einzelne dieser Prinzipien frauenfeindlich unterlaufen wurde. Dazu wird die ungute und unchristliche Geschlechterpolarisierung durch religiöse (Deutung der biblischen Urgeschichte), biologische (falsche Auffassung von der Zeugung) und idealistische Argumentation (Identifikation der Frau mit ihrer biologischen Natur) verfestigt und gestützt. Keiner dieser drei Pfeiler des Antifeminismus trägt noch. Ursachen für dessen Weiterwirken sieht Beinert in einem weitgehenden Ausfall anthropologischer Reflexion in der westlichen Geistesgeschichte, in der Erfahrung einer fundamentalen Spannung und Dualität der Wirklichkeit und der dahinterstehenden Spannung zwischen Gut und Böse. Eine patriarchalistisch und spiritualistisch vorprogrammierte Welt, in die das

Christentum eintrat, entwickelt eine Hierarchisierung: Seele vor Leib, Vernunft vor Geist, Mann vor Frau. Aber: Die Schöpfung ist als ganze gut, und alles in ihr kann vom Bösen infiziert werden. Die Welt ist Einheit in Vielgestaltigkeit. Die Verwirklichung des Menschen als Mann und Frau ist dafür ein signifikanter, jeden Menschen betreffender und ihm erfahrbarer Hinweis, für Christen überdies ein Transparentwerden des Schöpfungswillens Gottes, der den Menschen als Mann *und* Frau schuf. Die Überwindung des Sexismus ist dann aber *nicht* ins Belieben der Christenheit gestellt, sondern Teil des menschheitsversöhnenden Auftrags der Kirche. Die Szene zwischen Jesus und der Samariterin am Jakobsbrunnen ist dafür die ekklesiologische Schlüsselerzählung. Daher ist zu fragen: Wann endlich kommt das ganze Gottesvolk auch noch in seinen letzten Gliedern beim Jakobsbrunnen an?

Was bei allen Beiträgen Hoffnung gibt: Alle AutorInnen sind sich trotz verschiedener, ja einander direkt entgegengesetzter wissenschaftlicher Ausgangspositionen darin einig, daß die Situation der Frau in Gesellschaft und Kirche verbessert werden muß. Für die Kirche im besonderen gilt: wie sie mit dem Beispiel Jesu umgegangen ist, hat sie vor dem Herrn der Geschichte zu verantworten. Andererseits lebt aber auch diese Kirche ständig unter dem erneuernden Wehen des Geistes, der ruach Gottes.

Herlinde Pissarek-Hudelist

Herlinde Pissarek-Hudelist

Das Bild der Frau im Wandel der Theologiegeschichte

1. Begriffsklärung und Fragestand

Mein Thema heißt: „Das Bild der Frau im Wandel der Theologiegeschichte". Wenn ich sonst zu einem Referat gebeten werde, das in vielen Variationen die Frau in der Einzahl thematisiert, zum Beispiel „Die Frau in Kirche und Gesellschaft" oder so ähnlich, pflege ich bereits den jeweiligen einladenden Gesprächspartner so sanft wie mir möglich und so nachdrücklich wie nötig darauf hinzuweisen, daß ich auf die Mehrzahl *„die Frauen"* großen Wert lege. Sprache bildet Wirklichkeit ab, und die Wirklichkeit besteht nun einmal darin, daß es viele und noch dazu sehr verschiedene Frauen gibt. Weiße und farbige, alte und junge, gesunde und kranke, berufstätige und Familienfrauen, alleinerziehende und alleinlebende usw. Außerdem hat die abstrakte Rede von der Frau sehr oft dazu geführt, die konkrete soziale Situation zu verschleiern, in der Frauen leben.

Diesmal habe ich solchen Protest nicht erhoben – und dies mit Absicht. Gerade die Wortwahl „das Bild der Frau" bezeichnet von vornherein das Abgehobensein von der Realität, und das auf doppelte Weise. Ein Bild ist etwas, das Mann oder Frau sich macht oder hat. Es ist nicht die Realität, nur ihr subjektives Abbild, das anders als subjektiv allerdings nicht zu haben ist. Und das Abstraktum „Frau" erhebt sich über alle konkreten Unterschiede in solch luftige Höhen, daß *positiv* gesehen das allen Frauen *Gemeinsame* und *negativ* gesehen die *Irrealität* dieser Konzeption zum Vorschein kommt. „Die Frau" gibt es ja bekanntlich ebensowenig wie „den Mann". Diese Elemente: Gemeinsamkeiten, Wirklichkeitsferne und gewöhnlich nicht eingestandene Subjektivität, sollen also bereits in der sprachlichen Formulierung sichtbar bleiben, weil dies wichtige Hinweise auf die Situation sind, in der sich Nachdenken und Reden über die Frau gewöhnlich befinden.

Der zweite Teil der Themenformulierung dieses Statements nennt sich „Wandel in der *Theologie*geschichte". Dieser Ausdruck „Theologiegeschichte" bewegt sich zwischen den Begriffen „Dogmengeschichte" und „Kirchengeschichte". Eine Aussage hat mehr Spielraum, wenn sie von der Theologiegeschichte herkommt, weil hier noch nicht endgültig (vom Heiligen Geist und Lehramt) entschieden ist, was nun wirklich wahr oder falsch ist. *Wandel* setzt dann andererseits voraus, daß es Veränderungen *gibt*, wobei ein Bleibendes im Bewußtsein gegenwärtig sein muß, sonst würde man den Wandel als solchen überhaupt nicht erkennen. „Wandel in der Theologiegeschichte" ist andererseits wieder enger gefaßt als „Wandel in der Kirchengeschichte", obwohl beides aufeinander bezogen bleibt.

Ich rede nun über dieses Thema als direkt Betroffene, weil ich eine Frau bin. Was der Wandel in der Theologiegeschichte erbracht hat und erbringt, berührt unmittelbar meine Gegenwart und Zukunft als Frau in dieser Kirche und Gesellschaft.

Meine liebe Fachkollegin Gabriele Miller aus Rottenburg hat den Ausdruck geprägt: „Geschichte ist Gegenwart".[1] Die Wahrheit dieses Ausspruchs hat sich für mich in anderem Zusammenhang ganz konkret im Mai 1988 erwiesen. Ich nahm an einer Tagung der Equipe Européenne de Catéchèse in der Nähe von Mailand teil. Dabei haben wir auch Mailand besucht. Und hier hat sich an einem einzigen Nachmittag die Last unserer Tradition in der Frauenfrage gebündelt. Wir sahen das Baptisterium, in dem Augustinus in der Osternacht 387 getauft worden ist. Man hat es 1961 anläßlich des U-Bahn-Baus gefunden. Das heißt: Damals und an diesem Ort sichtbar hat sich ein Mann zum Christentum bekehrt, der die Kirche im Guten

[1] Sie hat dies gemeint bezogen auf die verschiedenen Konzepte von Religionsunterricht: *G. Miller*, Geschichte ist Gegenwart – religionspädagogische Konzeptionen der letzten 50 Jahre. Ein Überblick im Schnellverfahren für die Fortbildung von Religionslehrern, in: KatBl 102 (1977) 913–318.

und auch weniger Guten bis zum heutigen Tag beeinflußt. Seine Einstellung zu Leiblichkeit, Sexualität, Ehe, Frauen hat bis in unsere unmittelbare Gegenwart hinein tiefe Spuren hinterlassen. Als ich innerhalb des Domes unserem priesterlichen Führer in die Sakristei nachfolgen wollte, sagte er mit einer unvergleichlichen Mischung von Besorgtheit, Höflichkeit und Abwehr: „Madame, vous êtes une femme!" Das hieß: Ich war aus dem „heiligen Bezirk" ausgeschlossen. Wenige Minuten später erfuhr ich, daß die österreichische Kaiserin Maria Theresia als einzige Frau die Reliquie des heiligen Nagels dort hatte berühren dürfen. Sie war ja Herrscherin der Lombardei gewesen. Als Herrschende genoß sie ein Privileg (das, weil Privileg, die Rechtsordnung als ganze unangetastet ließ). Während der anschließenden Eucharistiefeier in der Kirche San Ambrogio sammelte eine Frau unsere milden Gaben. Dabei stieß sie mich grob an und deutete auf meine Jacke, die ich wegen der großen Hitze abgelegt hatte: ein Beispiel für von Frauen internalisierte männliche Maßstäbe von Schicklichkeit. Das heißt: An einem einzigen Nachmittag bin ich vier Nuancen unseres Problems begegnet: den Spuren eines Kirchenvaters, dem Ausschluß als Frau aus dem heiligen Bereich, dem jeweils doch möglichen Privileg der Herrschenden und den von einer Frau verinnerlichten männlichen Maßstäben.

2. Methodenfragen

Methodisch gibt es mehrere Wege, diese Frage hier zu behandeln. Ich kann den Weg von Magdalene Bußmann[2] gehen und die *„Kirchengeschichte von unten"* anmahnen. Das heißt: ähnlich, wie es die Befreiungstheologie[3] unternimmt, wahrnehmen, daß

[2] *M. Bußmann*, Fragen zur Kirchengeschichte, in: KatBl 106 (1981) 18; *dies.*, Die Stellung der Frau in der Geschichte der Kirche – ein Beitrag zu einer nicht geschriebenen Kirchen-Geschichte, in: Religionspädagogische Beiträge 10 (1982) 65–85.

[3] Vgl. z. B. *J. Meier*, Die Kirchengeschichte vom Volk aus schreiben. Versuche in Lateinamerika, in: KatBl 106 (1981) 239–246.

Kirchengeschichte bis jetzt sehr oft eine Geschichte der Mächte, der Mitren und der Männer war, und daher versuchen, die verschütteten Frauentraditionen aufzufinden und als Teil einer Kirchengeschichte von unten zu rekonstruieren.[4] Man kann auch den zweiten Weg gehen, wie ihn Elisabeth Gössmann mit viel Mühe und Sorgfalt versucht: den Forschungsansatz einer *kontinuierlichen Frauentradition* im Christentum zu verfolgen. Schweigegebot (1Kor 14,34) und Lehrverbot (1 Tim 2,9ff) für Frauen haben diese dazu veranlaßt, sich als Dichterinnen, Mystikerinnen, Schriftstellerinnen zu äußern: „Sie haben auf dem Wege des mystischen Prophetentums oder der dichterischen Vision die theologische Tradition lebhaft mitgestaltet, die männliche Theologie, je nach Zeitlage, zuweilen offen kritisiert, zuweilen vorsichtig unterwandert, in Reformbewegungen heftig eingegriffen, Botschaften der Schwesterlichkeit ausgesandt, das überwiegend männliche Gottesbild durch Aufzeigen der weiblichen Züge der Gottheit bereichert.

Da der Ausgangspunkt der Frauen immer von neuem reaktiver Art ist, kann jedoch die Frauentradition nicht dargestellt werden, ohne das jeweils anvisierte männliche Frauenbild mit in den Blick zu nehmen. Theologiegeschichte als dialektischer Prozeß nicht nur zwischen verschiedenen Schulen (Franziskaner, Dominikaner) monastischer und scholastischer Richtung, sondern auch zwischen den Geschlechtern führt zu einer Möglichkeit von neuer Rezeption unserer Glaubensgeschichte. Die große Überraschung heutiger Forschung liegt darin, daß es nicht nur die wenigen sogenannten Ausnahmefrauen gibt wie etwa die mittelalterlichen Mystikerinnen und Teresa von Avila, sondern daß es viele sind, die uns jetzt erst namentlich bekannt werden: Bibelübersetzerinnen und -interpretinnen, Verteidigerinnen von Bedrängten, Katechetinnen etc. Sie alle wiederzuent-

[4] Vgl. auch dazu *E. Schüssler Fiorenza*, Die Rolle der Frau in der urchristlichen Bewegung, in: Conc (D) 12 (1976) 3–9; *dies.*, In Memory of Her. A Feminist Theological Reconstruction of Christian Origins, New York ²1987; deutsch: Zu ihrem Gedächtnis ... Eine feministisch-theologische Rekonstruktion der christlichen Ursprünge, München – Mainz 1988; *dies.*, Brot statt Steine. Die Herausforderung einer feministischen Interpretation der Bibel, Freiburg/Schweiz 1988.

decken und ein weiblich-christliches Traditionsbewußtsein zu entwickeln ist das Ziel heutiger theologiegeschichtlicher Frauenforschung."[5] Der hohe Arbeitsaufwand beider Forschungsansätze beweist, wie achtlos mit Frauentraditionen umgegangen wurde und wird.

Eine weitere sehr aussichtsreiche, aber bis jetzt noch kaum genutzte Forschungsrichtung, auf die die italienische Kirchenhistorikerin Adriana Valerio hinweist, möchte der Komplementa-

[5] *E. Gössmann*, Die verlorene Geschichte von Frauen in der Theologie. Unveröffentlichtes Manuskript anläßlich der Salzburger Hochschulwochen 1988, 1f. Weiters *dies.*, Theologische Frauenforschung: Das Menschenbild des Mittelalters und die Stellungnahme der zeitgenössischen Frau, in: Zentraleinrichtung zur Förderung von Frauenstudien und Frauenforschung an der FU Berlin (Hrsg.), Frauenstudien Frauenforschung, Berlin 1983, 64–87; *dies.*, Die Kirchenkritik Hildegards von Bingen im Urteil des 17. und 18. Jahrhunderts. Ein Beitrag zur Rezeption des Mittelalters, in: M. Gerwing/G. Ruppert (Hrsg.), Renovatio et Reformatio. Wider das Bild vom „finsteren" Mittelalter. Festschrift für Ludwig Hödl zum 60. Geburtstag, Münster 1985, 215–223; *dies.*, Anthropologie und soziale Stellung der Frau nach Summen und Sentenzenkommentaren des 13. Jahrhunderts, in: A. Zimmermann (Hrsg.), Miscellanea mediaevalia 12/1, Berlin 1979, 281–297; *dies.*, Maß- und Zahlenangaben bei Hildegard von Bingen, in: A. Zimmermann (Hrsg.), Miscellanea mediaevalia 16/2, Berlin 1984, 294–310; *dies.*, Das Menschenbild der Hildegard von Bingen und Elisabeth von Schönau vor dem Hintergrund der frühscholastischen Anthropologie, in: P. Dinzelbacher (Hrsg.), Frauenmystik im Mittelalter, Ostfildern 1985, 24–47; *dies.*, „Ein Wissen, das Frauen nicht zukommt". Die Geschichte der 1310 hingerichteten Mystikerin Marguerite Porete, in: Orientierung 52 (1988) 40–43. Ebenso folgende Reihe: *E. Gössmann* (Hrsg.), Das Wohlgelahrte Frauenzimmer (Archiv für philosophie- und theologiegeschichtliche Frauenforschung 1), München 1984; *dies.*, Eva, Gottes Meisterwerk (Archiv für philosophie- und theologiegeschichtliche Frauenforschung 2), München 1985; *dies.*, Johann Caspar Eberti. Eröffnetes Cabinet deß Gelehrten Frauen-Zimmers (Archiv für philosophie- und theologiegeschichtliche Frauenforschung 3), München 1986: *dies.*, Ob die Weiber Menschen seyn, oder nicht? (Archiv für philosophie- und theologiegeschichtliche Frauenforschung 4), München 1988; *dies.*, Wie könnte Frauenforschung im Rahmen der katholischen Kirche aussehen? Eichstätter Hochschulreden 57, München 1987. Daraus besonders wichtig folgendes Zitat: „Es zeichnen sich also hier (in der theologiegeschichtlichen Frauenforschung, Anm. d. Verf.) zwei dringliche Aufgaben ab: apologetisch, nach außen hin, zu zeigen, daß Frauen die gesamte Kirchengeschichte hindurch, wenn auch oft unter Schwierigkeiten und mit Hilfe von Verfremdungen und Bescheidenheitstopik, ihre Stimme erhoben und ihren Beitrag geleistet haben, nicht nur zu den jeweiligen Zeitfragen, sondern auch zu den großen Themen der Tradition, wie etwa der Entfaltung der Christologie und der Trinitätslehre. Dies bedeutet für uns selbst, also nach innen, die noch größere Aufgabe, den Beitrag der Frauen zu unserer theologiegeschichtlichen Tradition systematisch zu untersuchen, aber nicht, um eine gesonderte Theologiegeschichte von Frauen zu konstruieren, sondern als eine Revision unserer bisherigen Rezeption von Theologiegeschichte. Dabei darf allerdings nicht übersehen werden, daß es die Traditionslinie unter Frauen durchaus gegeben hat ... Was allerdings Wirkungsgeschichte hatte und auf die sozialen Strukturen Einfluß ausübte, ist eine andere Frage" (ebd. 3f).

rität und den wechselseitigen positiven oder negativen Einflüssen der beiden Geschlechter aufeinander mehr Raum geben, also eine sogenannte *„binäre Geschichtsschreibung"* versuchen. Es gibt dafür bereits Beispiele: zwei Arbeiten über Héloise und Abälard.[6] Der vierte Ansatz arbeitet hagiographisch, d. h. entwirft *Kirchengeschichte als Geschichte der Heiligen.*[7]

Zu diesem – zugleich *biographischen* – Ansatz formuliert Ruth Albrecht[8] einige kritische Anfragen: „Welche Frauen wurden als Heilige verehrt? Gab es Berufsgruppen, die davon ausgeschlossen waren, als heilig anerkannt zu werden? Zu welcher Gesellschaftsschicht gehören die als heilig verehrten Frauen? Läßt sich noch ergründen, ob Überlieferungen verändert wurden, damit die betreffende Frau als Heilige erscheinen konnte? Wie sieht das Modell der Heiligkeit aus? In welchem Verhältnis steht dieses Modell zum sozialen und historischen Hintergrund?"[9] Als weiteren Schwerpunkt feministischer Kirchengeschichtsschrei-

[6] *A. Valerio*, Die Frau in der Geschichte der Kirche, in: Conc (D) 21 (1985) 428–434, hier 432 mit Anm. 13: *R. Pernoud*, Héloise et Abélard, Paris 1970; *M. T. Fumagalli/ B. Brocchieri*, Eloisa e Abelardo, Mailand 1984.

[7] Hier fällt mir allerdings einiges auf: Eine *Ehefrau* als Heilige habe ich noch nicht gefunden, sondern nur eine, die durch die Ehe hindurch sehr viel gelitten hat und/oder Witwe oder Königin war. Außerdem ist die unterschiedliche Anzahl von männlichen und weiblichen Heiligen und der folgende Umstand bemerkenswert: Sobald es nach der Konstantinischen Wende eine Art Patronat gibt, tauchen plötzlich sehr viele Bischöfe als Heilige auf. Das bedeutet: Es gibt auch recht irdische Ursachen der Verehrung bestimmter Heiliger, und wir dürfen uns nicht dabei beruhigen, daß es männliche *und* weibliche Heilige gibt.

[8] *R. Albrecht* formuliert neuestens für die Situation in der BRD: „Feministische Kirchengeschichtsschreibung in der BRD lebt und wird inspiriert von der Zusammenarbeit mit drei unterschiedlichen Bewegungen: der feministischen Theologie, der allgemeinen Kirchengeschichtsforschung und den feministischen Historikerinnen der autonomen Frauenbewegung." Dazu vgl. *dies.*, Kleider machen Leute. Entdeckungen feministischer Kirchengeschichtsforschung am Beispiel der Katharina von Siena (1347–1380) und der Euphrosyne (5. Jh. n. Chr.), in: M.-Th. Wacker (Hrsg.), Theologie feministisch. Disziplinen – Schwerpunkte – Richtungen, Düsseldorf 1988, 80–114. Zur feministischen Geschichtsschreibung vgl. z. B. den Abschnitt „Frauen-Geschichte(n)", in: *I. Ostner* (Hrsg.), Frauen. Soziologie der Geschlechterverhältnisse, in: Soziologische Revue Sonderheft 2, 1987, 43–70; zur Situation feministischer Geschichtsschreibung vgl. z. B. *C. Opitz*, Der „andere Blick" der Frauen in die Geschichte, in: beiträge zur feministischen theorie und praxis 11: Frauenforschung oder feministische Forschung? Köln ^{2}1984, 61–70.

[9] *R. Albrecht*, Wir gedenken der Frauen, der bekannten wie der namenlosen. Feministische Kirchengeschichtsschreibung, in: Ch. Schaumberger/M. Maaßen (Hrsg.), Handbuch Feministische Theologie, Münster ^{2}1988, 312–322, hier 316.

bung benennt Ruth Albrecht die Frage nach *Lebensformen* von Frauen. Hier fragt sie z. B.: „Wie hängen die Hochschätzung von Virginität und sexueller Askese mit dem christlichen Ehebild zusammen?"[10] Für diesen Ansatz sieht sie methodisch zwei Vorgehensweisen: Konzentration auf ein regionales Gebiet und auf eine genau umschriebene Lebensform, um diese in ihrem sozialen Kontext zu verstehen (z.B. die Lebensform des geistlichen Verlöbnisses, auch Syneisaktentum genannt). Für noch unentdeckt hält sie den Bereich *theologischer Theoriebildung*. Hier unterscheidet sie den bereits gut bearbeiteten Aspekt „Was dachten die Kirchenväter über Frauen?" von jenem, der „die Lehrentscheidung der altkirchlichen Konzilien und die diesen vorausgehenden theologischen Streitigkeiten unter der Fragestellung ihres Einflusses auf die Lebenswirklichkeit von Frauen" betrachtet. Hier gilt es zu beachten: „Wie hängen die christologischen Entscheidungen über die Zwei-Naturen-Lehre mit der Bedeutung von Frauen in den Gemeinden zusammen? Was besagt die altkirchliche Trinitätslehre im Hinblick auf die Abwesenheit von Frauen bei den konziliaren Entscheidungen?"[11]

Alle diese wissenschaftlichen Zugänge heutiger theologischer Frauenforschung[12] machen sich auf den Weg von der Frau als Objekt zur Frau als Subjekt der Forschung. Alle haben ihre Chancen *und* Grenzen. Die „Kirchengeschichte von unten" setzt an bei der Zweitrangigkeit, Unterordnung, Fremdbestimmung der Frau. Sie hebt dadurch etwas nicht Wahrgenommenes ans Licht. Aber dies in der Art einer schlaglichtartigen, grellen Beleuchtung eines bisher im Dunkeln liegenden Bereichs, die noch nicht imstande ist, das Ganze, das Männliche *und* Weibli-

[10] Ebd. 317.
[11] Ebd. 319.
[12] Vgl. dazu die etwas differierenden Positionen von E. Gössmann und mir: *E. Gössmann*, Wie könnte Frauenforschung (s. Anm. 5), hier bes. 3, 21f, und: *H. Pissarek-Hudelist*, Die Herausforderung theologischer Frauenforschung an den Fachbereich Katechetik/Religionspädagogik, in: E. Moltmann-Wendel (Hrsg.), Weiblichkeit in der Theologie. Verdrängung und Wiederkehr, Gütersloh 1988, 112–147, hier bes. 112–118, 138–141.

che, das Weibliche *und* Männliche, in seinem Zusammenspiel in dieser Kirchengeschichte entsprechend zur Geltung zu bringen. Auch droht hier die Gefahr, Frauen zu leicht ausschließlich zu Opfern[13] zu machen und ihren Wiederstand, ihre Kraft[14] und die Komplexität der Wirklichkeit zu unterschätzen. Die alten, weisen und nüchternen Jesuiten, die meine Lehrer waren, haben mir immer beigebracht, einer monokausalen Erklärung der vielgestaltigen Wirklichkeit zu mißtrauen. Das trifft dann auch für „Patriarchat" und „Androzentrismus" als Erklärungsmodelle zu.

Wenn andererseits zum Beispiel versucht wird, die Präsenz der Frauen in der Kirchengeschichte darzustellen, ist wieder die Gefahr, zu früh apologetisch zu werden oder – unbewußt? – einem elitären Denken Vorschub zu leisten. Daher, meine ich, sollten wir uns *alle* möglichen Ansätze vergegenwärtigen und je nachdem aus dem einen und dem anderen schöpfen.

Dabei ist auch der Wandel im kirchlichen Selbstverständnis zu berücksichtigen, Positives registrierend einerseits, aber auch nicht zu optimistisch andererseits. Es gibt Positionen, die Frauen innerhalb der Kirchengeschichte bereits hatten und wieder

[13] Für die Profangeschichte wehrt sich dagegen *Ch. Thürmer-Rohr* mit dem Begriff der „Komplizenschaft von Frauen". Das Faktum der Mittäterschaft von Frauen in der patriarchalen Gesellschaft verlange Entscheidung, Unterscheidung, auch Trennung. Vgl. *dies.*, Der Chor der Opfer ist verstummt, in: beiträge zur feministischen theorie und praxis 11 (s. Anm. 8), 71–84, hier 82. Nachgedruckt in: *dies.*, Vagabundinnen. Feministische Essays, Berlin ³1987, 122–140, hier 140. – Die Kritik an diesem Begriff lautet: „Wo bleibt Raum für das Nicht-Angepaßte, das Widerständige?" Vgl. den Bericht „Die Wiederentdeckung der Lust am Denken. Kongreß zur ‚Mittäterschaft von Frauen' vom 6.–11. April 88 an der TU Berlin" von *Rose Wecker*, in: Schlangenbrut Nr. 22/August 1988. 32f, hier 33. Ähnlich A. Kuhn, F. Haug, K. Hausen.
Den derzeit umfassendsten Überblick über feministische Kirchengeschichtsforschung in der BRD bietet R. Albrecht (s. Anm. 8). Dazu ein Beispiel ihrer eigenen Arbeit: *dies.*, Das Leben der heiligen Makrina auf dem Hintergrund der Thekla-Traditionen. Studien zu den Ursprüngen des weiblichen Mönchtums im 4. Jahrhundert in Kleinasien, Göttingen 1986.

[14] Vgl. *Mary Daly* passim; *Ruth Albrecht*, Wir gedenken (s. Anm. 9), 320–322, besonders den darin mitgeteilten „Wechselgesang über die Kraft der Frauen" aus: *Ann M. Heidkamp*, Wir sind keine Fremdlinge mehr. Frauen halten Gottesdienst. Ein Werkstattbuch, Genf 1980, 34f; ebenso der Grundtenor in einigen Abschnitten von: *Rosemary Radford Ruether*, Unsere Wunden heilen, unsere Befreiung feiern. Rituale in der Frauenkirche, Stuttgart 1988.

verloren haben (Diakonin, Äbtissin mit Jurisdiktionsgewalt).[15] Ich glaube daher, es wäre eine Illusion, von einem unumkehrbaren Prozeß der Emanzipation von Frauen in der Kirche zu sprechen. Es gab schon sehr viel mehr Emanzipation, und sie wurde bekämpft und zurückgenommen.

3. Paulus, Augustinus und Thomas

„Das Bild der Frau im Wandel der Theologiegeschichte“ ließe sich also – wenigstens ansatzweise – auch von weiblichen Selbstdarstellungen her entwickeln, wenn man E. Gössmann folgt. Ich habe mich dafür entschieden, den Einfluß von Paulus, Augustinus und Thomas auf unser Thema mit einigen – notwendigerweise wenigen – Strichen zu skizzieren. Dieses Vorgehen scheint mir die realen Machtverhältnisse und die tatsächliche Wirkungsgeschichte innerhalb der Kirchen deutlicher zu spiegeln.

Dies möchte ich nicht in einer Weise tun, die von einem heutigen Bewußtsein aus diese Menschen moralisch beurteilt und verurteilt. Das Elend, das wir in unserer Gegenwart erleben, allein die Vergangenheit vor fünfundvierzig, fünfzig Jahren zu bewältigen, die Arroganz derer, die diese Zeit nicht gekannt haben und sich zum Richter machen über andere, möchte ich hier nicht auf die Kirchengeschichte übertragen. Andererseits wird man hier wie dort einiges offen sagen müssen. Ich wiederhole noch einmal: nicht als Schuldzuweisung, nicht als Verurteilung, sondern weil Aussagen gerade dieser Menschen, die in der katholischen Tradition so hochgehalten werden, bis zu dieser Stunde nachwirken. Alle drei, Paulus, Augustinus, Tho-

[15] Vgl. *A. Valerio*, Die Frau (s. Anm. 6), 431; *E. Gössmann*, Wie könnte Frauenforschung (s. Anm. 5), 8–21. Zum Ganzen auch *Sh. Shahar*, Die Frau im Mittelalter, Königstein/Taunus 1981; *Ida Raming*, Der Ausschluß der Frau vom priesterlichen Amt. Gottgewollte Tradition oder Diskriminierung? Eine rechtshistorisch-dogmatische Untersuchung der Grundlagen von Kanon 968 § 1 des Codex Juris Canonici, Köln – Wien 1973; *H. van der Meer*, Priestertum der Frau? (QuD 42) Freiburg 1969; *K. Rahner/H. Vorgrimler*, Diaconia in Christo (QuD 15/16), Freiburg 1962.

mas, haben uns Auslegungen des christlichen Glaubens hinterlassen, die zu den kostbarsten Schätzen unserer Überlieferung gehören. Alle drei sind aber auch von einer tiefen Ambivalenz in ihrer Einstellung zur Frau geprägt, die mir ein bis heute unauflösliches Rätsel aufgibt: Hat ihre negative oder mindestens ambivalente Einstellung zu so zentralen Lebensbereichen wie Leiblichkeit, Sexualität, Ehe und damit zu Frauen nicht ihre *ganze* Theologie beschädigt, versehrt? Bei Augustinus scheint mir dies evident. Seine Ansicht von der Lust als läßlicher Sünde und seine Deutung der Konkupiszenz haben überdies verheerende Auswirkungen gehabt bis in die fünfziger Jahre unseres Jahrhunderts. Ich selber habe noch als junge Ehefrau hier die entsprechenden Meinungen gehört. Und wenn man das Büchlein „Für eine neue Liebe zu Maria“ von Karl Rahner und Marianne Dirks zur Hand nimmt, dann liest man auch bei Frau Dirks Berichte über Frauen, die m. E. den Einfluß des Augustinus bestätigen.[16]

Zunächst also einige Worte zu Paulus. Auch wenn man heute zwischen echten Paulusbriefen und den nachpaulinischen Pastoralbriefen unterscheidet, auch wenn man heute teilweise 1 Kor 14,34, die berühmte Stelle, daß die Frauen schweigen sollen in der Gemeinde, als Einschub betrachtet, der nicht von Paulus stammt,[17] auch wenn man fair zwischen Paulus und seiner Wirkungsgeschichte zu unterscheiden versucht, *uns Frauen hat das jahrhundertelang nichts genützt*. Bis in unsere Tage verweist man uns, und hier noch deutlicher gesagt: *Mann* uns mit Berufung auf Paulus darauf, zu schweigen und uns unterzuord-

[16] *K. Rahner/M. Dirks*, Für eine neue Liebe zu Maria, Freiburg 1984, 58: „Es ist erstaunlich, für wie viele Frauen meiner Generation und vielleicht auch noch der nächsten, besonders auf dem konservativen Land, der Geschlechtsverkehr auch in der Ehe mit der vagen Vorstellung von etwas Unreinem behaftet war und zum Teil noch ist. So mußte das eheliche Leben im geschlechtlichen Bereich bei vielen Frauen etwas Verkrampftes bekommen.“ Frau Dirks sieht hier einen Zusammenhang mit dem Leitbild Marias als jungfräulich gebliebener Mutter.

[17] Zum Beispiel *G. Fitzer*, „Das Weib schweige in der Gemeinde“, München 1963; *G. Dautzenberg*, Zur Stellung der Frauen in den paulinischen Gemeinden, in: G. Dautzenberg/H. Merklein/K. Müller, Die Frau im Urchristentum (QuD 95), 182–224, hier 193. Ebendort vgl. *A. Weiser*, Die Rolle der Frau in der urchristlichen Mission, 158–181, hier 162, Anm. 6.

nen. Ich meine, nebenbei bemerkt, daß sich durch solche Unterwerfungstheologie die Kirche mitschuldig gemacht hat am Leid von Frauen bis in unsere Häuser für geschlagene Frauen hinein. Dadurch, daß ich sehr viel mit Frauen der autonomen Frauenbewegung zu tun habe, habe ich erkannt, daß der Einfluß unserer Kirche auf die Gewissen der Menschen weit über die Herzen der praktizierenden Christen hinaus reicht. Und wie nun Frauen eingeschätzt werden, diese dem Christentum im positiven und negativen Sinn entlaufene Wahrheit oder Unwahrheit klopft heute von außen stürmisch an die Tür der Kirche.

Ich habe in dem Zusammenhang eine andere Frage: Warum ist man so eifrig dabei, Paulus zu retten und zu verteidigen? Warum ist der Eifer, Frauen zu retten und zu verteidigen, weit weniger ausgeprägt? Und eine weitere Frage: Wohin ist das Beispiel Jesu geraten? Ich war außerordentlich erstaunt, bei der Begegnung mit meinen evangelischen Schwestern und Brüdern zu erkennen, daß für sie *faktisch* Paulus mehr gilt als Christus. Auf meine Rückfrage erklärten sie mir, das hänge mit der Entmythologisierung Bultmanns und mit der Schwierigkeit zusammen, hinter dem Christus der Gemeindeverkündigung den vorösterlichen Jesus zu entdecken. Damit, scheint mir, wird das umstürzende Beispiel Jesu gleichsam „entschärft".

Ich sehe bereits im Neuen Testament ein Gefälle zuungunsten der Frau bei Paulus. Zum Beispiel: Die Vielfalt der Aussagen und Bezeichnungen über Funktionen von Frauen ist bereits in den Pastoralbriefen eingeebnet und abgewertet. Dabei kommt noch dazu, wie sie spätere Bibelausleger und -übersetzer deuten. Man beachte, wie „diakonos" und „prostatis" übersetzt werden, wenn beide Begriffe von einer Frau ausgesagt werden! (Röm 16,1f von Phöbe!) Und wir haben noch einige solche Beispiele, die recht verdächtig sind.[18]

[18] Zu „Phöbe diakonos" vgl. *G. Lohfink*, Weibliche Diakone im Neuen Testament, in: G. Dautzenberg u. a. (Hrsg.), Die Frau im Urchristentum (s. Anm. 17), 320–338, hier 324–327.
Zu „Phoebe prostatis" vgl. *A. Weiser*, Die Rolle (s. Anm. 17), 171f mit Anm. 33.
Zur Apostolin Junia (Röm 16,7) vgl. wiederum *Lohfink*, Weibliche Diakone, 327–332, ebenso *Dautzenberg*, Zur Stellung (s. Anm. 17), 184, Anm. 3.

Weiters: Warum haben die Stellen der Gleichwertigkeit wie Gal 3,28: „Da ist nicht mehr Jude und Grieche, nicht mehr Sklave und Freier, nicht mehr (wörtlich) Männliches und Weibliches, sondern alle sind einer in Christus", soviel weniger Wirkungsgeschichte entfaltet als die andere, daß die Frauen in der Kirche schweigen sollen? Dieses Wort ist nämlich als „Die Frauen sollen überhaupt schweigen" auch in die Einschätzung der profanen Welt eingegangen. Dabei muß man zugunsten der Bibel sagen: Sie selber ist immer noch weniger sexistisch, das heißt ein Geschlecht bevorzugend oder benachteiligend, als ihre Auslegung und – nicht selten – ihre liturgische Verwendung.[19]

Ich versuche nun einiges zu sagen über die frühe Zeit der Kirche, und wende mich dann Augustinus zu. Ich stütze mich hier zunächst auf Magdalene Bußmann,[20] die feststellt, daß der weitere Verlauf der Kirchengeschichte, also der der nachneutestamentlichen Zeit, nicht wie in der frühen Phase zu einer Emanzipationsgeschichte wurde, sondern zunehmend zu einer Geschichte von Unterdrückung. Sie qualifiziert nun die erste Phase, die Patristik, dadurch, daß sie sagt, hier stehe „Geistigkeit gegen Leiblichkeit"[21]. Es ist für viele Gelehrte ein Rätsel, wann und warum es zu diesen Veränderungen gekommen ist. Man nimmt an, daß infolge der ausgebliebenen Wiederkunft des Herrn eine deutlichere Strukturierung der Gemeinden nötig war und sich die Kirche in einer Art Rückfall wieder mehr ihrer sozialen Umwelt angeglichen hat. Bei der Beschreibung des heidnischen und jüdischen Umfelds des Christentums werden wir allerdings vorsichtiger als früher sein müssen. Die Forschung hat in beiden Bereichen gezeigt, daß es nicht angeht, sowohl

Beide Autoren verweisen auf die überzeugenden Vorarbeiten von *B. Brooten*, zuerst veröffentlicht unter dem Titel: „Junia ... hervorragend unter den Aposteln" (Röm 16,7), in: E. Moltmann-Wendel (Hrsg.), Frauenbefreiung. Biblische und theologische Argumente, München – Mainz ^{4}1986, 148–151.

[19] Vgl. *C. Locher*, Frauen – im Neuen Testament unsichtbar? in: Orientierung 50 (1986) 77–80; *M. Procter-Smith*, Frauenbilder im Lektionar, in: Conc (D) 21 (1985) 420–427.

[20] *M. Bußmann*, Fragen (s. Anm. 2), bes. 68–80.

[21] Ebd. 68.

Juden- wie auch Heidentum unterschiedslos schwarz in schwarz zu malen, um davon das Christentum besonders leuchtend abzuheben.[22] Andererseits gab es sehr früh für das Christentum überaus gefährliche Strömungen: Neuplatonismus und

[22] Vgl. dazu einerseits *Dautzenberg*, Zur Stellung (s. Anm. 10), 195: „Die Topoi ‚Unterordnung', ‚Schweigen' und ‚Haus' gehören auch in antiken Texten zusammen" (vgl. auch ebd. 196–198); dagegen urteilt *K. Thraede*, es genüge „vollauf, einen Teil der Belege für soziale Freiheiten der antiken Frau kennenzulernen und zu wissen, daß hellenistisches Denken der Praxis an Uneinheitlichkeit nicht nachstand" (in: ders., Ärger mit der Freiheit. Die Bedeutung von Frauen in Theorie und Praxis der alten Kirche, in: G. Scharffenorth/K. Thraede, „Freunde in Christus werden ..." Die Beziehung von Mann und Frau als Frage an Theologie und Kirche, Gelnhausen – Berlin 1977, 31–182, hier 40). Vgl. auch *M. Küchler*, Schweigen, Schmuck und Schleier. Drei neutestamentliche Vorschriften zur Verdrängung der Frauen auf dem Hintergrund einer frauenfeindlichen Exegese des Alten Testaments im antiken Judentum (Novum Testamentum et Orbis antiquus 1), Freiburg/Schweiz – Göttingen 1986.
Zur Situation der Frauen im Judentum vgl. *B. Brooten*, Feministische Bemerkungen zur Exegese des Neuen Testaments, in: Conc (D) 16 (1980) 573–578, hier 578. Zu widersprüchlichen Aussagen vgl. *H. Pissarek-Hudelist*, Feministische Theologie – eine Herausforderung?, in: ZKTh 103 (1981) 289–308; 400–425, hier 409 Anm. 174; zum neuesten (1987) erhobenen Antijudaismus- und Antisemitismus-Vorwurf an die feministische Theologie auch im deutschen Sprachraum vgl. die Zeitschrift „Schlangenbrut" Nr. 16/Februar 1987, 6–24; Nr. 17/Mai 1987, 30 –48; Nr. 20/Februar 1988, 20f; Nr. 22/August 1988, 40–43. Vgl. andererseits *I. Müller/I. Raming*, Erste Internationale Konferenz über Frau und Judentum, in: Orientierung 51 (1987) 30–32.
Eine Gruppe feministischer Theologinnen hat am 21. Februar 1988 folgende „Stellungnahme feministischer Theologinnen zum Vorwurf des Antijudaismus" erarbeitet: „Die christliche Theologie ist von ihren Ursprüngen her mit antijüdischen Denkmustern durchsetzt. Sie hat Anteil am Antijudaismus und daher auch Mitschuld am Antisemitismus und seinen geschichtlichen Auswirkungen. Darum ist alle christliche Theologie nach Auschwitz zur selbstkritischen Reflexion und Veränderung ihrer Methoden und Aussagen gerufen.
Auch wir als feministische Theologinnen schleppen das Erbe des christlichen Antijudaismus mit uns und reproduzieren ihn – häufig unreflektiert – z. B. in der Kritik am Patriarchat des Judentums. Deshalb bekennen wir uns mitschuldig am christlichen Antijudaismus. Wir distanzieren uns von theologischen Entwürfen, die eine christliche Liebesreligion idealisieren vor dem dunklen Hintergrund eines jüdischen Gottes, der zum Urbild des Patriarchats erklärt wird. Wir werden daran arbeiten, feministische Theologie weiter zu entwickeln unter folgenden Gesichtspunkten:
- Kritik am Antijudaismus der herrschenden Exegese;
- Wahrnehmung des Selbstverständnisses jüdischer Traditionen, insbesondere rabbinischer Überlieferungen;
- Entdeckung jüdischer Frauengeschichte, nicht nur als Unterdrückungs-, sondern auch als Befreiungsgeschichte;
- Entwicklung einer Jesusdeutung ohne jüdisches Feindbild.

Zugleich stellen wir fest:
Es ist ungerecht, pauschale Antisemitismusvorwürfe an Einzelformulierungen festzumachen, ohne die Gesamttendenz einer feministischen Autorin zu berücksichtigen.
Es ist ungerecht, den Vorwurf des Antijudaismus allein an die Adresse der feministischen Theologinnen zu richten, weil so der Schuldzusammenhang christlicher Theologie verschwiegen wird. Diese isolierte Diskussion, die den Antijudaismus in der

Gnosis. Zwei Schöpfungsprinzipien stehen sich in einem strikten Dualismus gegenüber. Die Frau gilt als Tradentin des Bösen, der Materie. Sie ist ebenso wie diese Welt, die im Bann des Weiblichen steht, durch die schlechte Materie in ihrem Wesen bestimmt. Die Frau verkörpert also die Welt und deren Laster. Bekehrung ist nur möglich durch Abkehr von der Welt und damit auch von der Frau.[23] Aus Fairneß gegenüber Augustinus muß man sagen: Gegen einen solchen extremen Dualismus hat er sich gewendet.

Das Christentum hat also grundsätzlich diesen Dualismus abgelehnt. Es gibt nur einen Schöpfergott, alles ist gut erschaffen. Aber diese (neuplatonische, gnostische) philosophische Tradition fließt ein in die theologische Lehre, die Ansichten werden noch dazu theologisch überhöht durch die Lehre vom Sündenfall. Und hier wird nun Genesis 3,6 für den Sündenfall Evas strapaziert. Sie wird als Inbegriff weiblicher Verführungskünste dargestellt. Die Frau hat geringere Verstandeskräfte, daher unterliegt sie den Betörungen der Schlange. Bis in eine Dogmatik von 1952 hinein ist dieses Argument zu finden.[24] Die Frau verführt den Mann, der ohne Eva der Schlange nicht erlegen wäre. Daher ergibt sich, und das ist jetzt das Gefährliche, in der Patristik eine Zuordnung der Bereiche „Böses – Sünde – Schlange, Tod – Teufel – Leidenschaften – Frau“ und auf der anderen Seite „Gutes – Gott – Mann – Vernunft und Geist“. Die Minderwertigkeit der Frau wird außerdem mit der Genesis-Stelle weiterbegründet, daß Gott die Frau aus der Seite oder

herrschenden Theologie nicht benennt, ist ein Versuch, die christliche Frauenbewegung zu diskreditieren.
Anne Jensen, Evi Krobath, Elisabeth Moltmann-Wendel, Elke Rüegger-Haller, Luise Schottroff, Helen Schüngel-Straumann, Dorothee Sölle.“
Vgl. auch *Johanna Kohn*, Haschoah, Christlich-jüdische Verständigung nach Auschwitz, München – Mainz 1986. *L. Siegele-Wenschkewitz* (Hrsg.), Verdrängte Vergangenheit, die uns bedrängt. Feministische Theologie in der Verantwortung für die Geschichte, München 1988.

23 Vgl. *M. Bußmann*, Fragen (s. Anm. 2), 69.

24 *I. F. Saguës*, Sacrae Theologiae Summa II, Madrid 1952, S. 887 (BAC 90): „Der Teufel hat die Eva versucht, nicht den Adam, weil sie, obwohl beide das donum integritatis besaßen, leichter fallen konnte als der Mann, da sie, abgesehen von der überschwenglicheren Gnade, die Adam zweifelsohne gegeben war, leichter verführbar war und schwächer im Widerstehen.“

Rippe Adams schuf (Gen 2,22). Bereits im Neuen Testament folgert Paulus daraus: Der Mann ist der Abglanz Gottes, die Frau aber nur der Abglanz des Mannes (1 Kor 11,7). Durch die Frau kam die Sünde in die Welt. Die Sünde wird durch die Frau weitergegeben. Konsequenz: Die Frau als geschlechtliches Wesen wird abgelehnt. Daher wird die Jungfräulichkeit als bevorzugter Status angesehen, in dem eine Frau gottgefällig leben kann. Und hier heißt es nun bezeichnenderweise bei Kirchenvätern: „Zum *Mann* soll sie werden.“[25]

Dieses Aufwerten der Jungfrau hat eine immer deutlichere Abwertung der Frau zur Folge. Es kommt zur Parallele „Mann, Christus, Erlösung – Frau, Eva, Sünde – Jungfrau, Maria, Heil“[26]. Und hier gibt es einen Text von Hieronymus, den ich nach wie vor nicht ohne Bewegung lesen kann. Er sagt: „Solange die Frau für Geburt und Kinder lebt, besteht zwischen ihr und dem Manne derselbe Unterschied wie zwischen Leib und Seele; wenn sie aber Christus mehr dienen will als der Welt, wird sie aufhören, Frau zu sein, und ‚Mann‘ wird man sie nennen, weil wir wünschen, daß alle vollkommen zum Manne erhoben werden.“[27] Diese Abwertung gottgegebener Funktionen der Frauen läßt mich bis zum heutigen Tag nicht unberührt. Frauen haben also nicht nur die Plagen, sondern auch die üble theologische Nachrede! Wenn ich an das Wort in den Pastoralbriefen (1 Tim 2,15) denke, die Frau solle ihr Heil wirken durch Kindergebären (auch wenn man dies positiv antignostisch

[25] *Ambrosius*: „... denn die Frau, die glaubt, wird zur männlichen Vollkommenheit erhoben ...“ (PL 15, 1844 ff; CSEL 23, 3, 514; CChr series latina 14, 390 f); *Hieronymus*, Kommentar zu Eph 5: „... wenn sie aber Christus mehr dienen will als der Welt, wird sie aufhören, Frau zu sein, und ‚Mann‘ wird man sie nennen, weil wir wünschen, daß alle vollkommen zum Mann erhoben werden“ (PL 26, 531 ff); beide Stellen zitiert nach *H. van der Meer*, Priestertum (s. Anm. 15) 97–99. Zum Thema weiters: *K. Vogt*, „Männlichwerden“ – Aspekte einer urchristlichen Anthropologie, in: Conc (D) 21 (1985) 434–442. Eine erstaunliche zeitgenössische Parallele findet sich im von N. Sommer herausgegebenen Buch „Nennt uns nicht Brüder“, Stuttgart 1985, in dem Beitrag der Ordensschwester *Lea Ackermann*. Sie bedauert hier, daß in ihrem Orden – sie ist Weiße Schwester (= Missionsschwester des Kardinals Lavigerie) – die Erziehung zur ‚Männlichkeit‘ heute noch in Übung ist („Warum wird eine Ordensfrau zur Männlichkeit erzogen?“ ebd. 181–187).

[26] Vgl. *M. Bußmann*, Fragen (s. Anm. 2), 70.

[27] *H. van der Meer*, Priestertum (s. Anm. 15) 98 bzw. 99.

deuten kann), wenn ich dieses Zitat dazu höre, wenn ich an das Wort Luthers[28] denke, „die Frauen sollen sich zu Tode gebären, dazu sind sie ja da“, und wenn ich bedenke, daß ich keine Predigt des Mitleids mit Frauen in all diesen Jahrhunderten von Predigtliteratur gefunden habe, sondern nur Ermahnungen zu ehelicher Pflicht, dann frage ich mich: *Wer hat sich je der Frauen erbarmt?* Und ich frage mich außerdem: Was für eine Schöpfungstheologie steht hier dahinter?

Bei Augustinus ist wahrzunehmen, woher seine Auffassung kommt, bei ihm wird der Parallelismus endgültig gefestigt: „Per feminam venenum, per Christum (aut Mariam) salus – durch die Frau kam das Gift in die Welt, durch Christus oder Maria das Heil.“[29] Das bedeutet, daß hier eine Meinung zum Durchbruch kommt, die die Frau grundsätzlich dem Niedrigeren, Leiblichen, dem Materiellen zuordnet und dem Mann das Geistige, das Höhere zuspricht. Ebenso werden die Begriffe „aktiv“ und „passiv“ auf Mann und Frau verteilt. Augustinus liest dann mit dieser von der Philosophie herkommenden Auffassung die Bibel, er liest so die Genesis-Stellen. Er hat, wie der Aufsatz einer irischen Ordensfrau[30] gezeigt hat, hier sich auch sehr stark gewandelt. Er hat Allegorien der Deutung geboten, die er dann wieder verändert hat. Bei ihm werden wir aber wohl offen sagen müssen, daß auch seine eigene Biographie hier eingeflossen ist. Wenn er der Frau, die 15 Jahre lang sein Leben geteilt hat, sieben Zeilen widmet und dem Birnendiebstahl, den er als Sechzehnjähriger begangen hat, Seiten um Seiten der Reflexion,[31] wenn er sagt, daß im Grunde die Frau nur nötig sei zum Werk der

[28] Das vollständige Zitat lautet: „Denn eyn weibsbild ist nicht geschaffen jungfrau tzu syn, sondern kinder zu tragen ... Ob sie sich aber auch müde und zuletzt (daran) todt tragen, das schadt nicht, laß nur todt tragen, sie sind darum da.“, in: Luther Werke. Weimarer Ausgabe 11, 3984f; Erlanger Ausgabe XX 84; zitiert nach: *Anke Wolf-Graf*, Die verborgene Geschichte der Frauenarbeit. Eine Bildchronik, Weinheim – Basel 1983, 154.

[29] Vgl. *M. Bußmann*, Fragen (s. Anm. 2), 70f.

[30] *A. M. Wilson*, Augustine on the Status of Women, in: Milltown Studies 19/20 (1986) 87–109.

[31] Vgl. *F. Leist*, Der sexuelle Notstand und die Kirchen. Eine aktuelle Dokumentation, Gütersloh 1972, 15–19.

Kinderzeugung und in allem anderen, als Trost in der Einsamkeit, als Hilfe bei Arbeiten, ein Mann dem Mann bessere Hilfe und Dienste leisten könne, hat das ungeheure Auswirkungen auf die Einschätzung der Frau gehabt.

Und *Thomas* greift diese Meinung auf, verstärkt sie, zitiert sie positiv. Das Zitat des Augustinus,[32] das ich hier angesprochen habe, gibt er bestätigend, vollständig wieder. Außer seiner eigenen Exegese kommt nun etwas Zweites hinzu[33]: das über Aristoteles rezipierte Vorstellungsmodell von Zeugung. An und für sich sollten immer Knaben geboren werden, durch ungünstige äußere Umstände, feuchte Südwinde und dergleichen, kommt es aber zufällig, nicht geplant, nicht beabsichtigt, zu Mädchen. Ein Mädchen hat also nicht in sich einen Wert, sondern ist „mas occasionatus", das heißt also praktisch ein mißglückter Mann. Von daher wird nun der Frau eine mehrfache Minderwertigkeit zugesprochen. Sie ist die körperlich

[32] Das vollständige Zitat lautet: „Wenn man aber fragt, wozu diese Hilfe geschaffen werden mußte (die Frau also, Anm. d. Verf.), so findet man wahrscheinlich keinen anderen Grund als den der Erzeugung von Kindern, wie auch die Erde Hilfe für den Samen ist ... Oder aber, wenn die Frau für den Mann nicht als diese Hilfe, nämlich Kinder zu zeugen, geschaffen wäre, zu welcher Hilfe wäre sie also sonst geschaffen? Wenn sie zugleich die Erde bearbeiten sollte, so ist zu sagen: es gab noch keine mühselige Arbeit, wozu er der Hilfe bedurfte, und wenn es nötig wäre, so wäre ein Mann eine bessere Hilfe. Dasselbe kann man vom Trost sagen, wenn der Mann seiner Einsamkeit vielleicht überdrüssig war. Denn um wieviel passender für das Zusammenleben und das Gespräch wäre es, wenn zwei Freunde, als wenn Mann und Frau miteinander wohnten? Wenn sie aber zusammen leben sollten so, daß der eine befiehlt, der andere so, daß er gehorcht, damit nicht gegensätzliche Willensäußerungen den Frieden der Zusammenwohnenden störten, so hätte – um dieses Verhältnis beizubehalten – nicht die Ordnung gefehlt, wonach der eine der Frühere, der andere der Spätere (ist), ganz besonders, wenn der Spätere aus dem Früheren geschaffen wäre, so wie das bei der Erschaffung der Frau war. Könnte etwa jemand sagen, daß Gott aus der Rippe des Mannes nur eine Frau, nicht auch einen Mann – wenn er das wollte – hätte schaffen können? Deswegen kann ich nicht entdecken, zu welcher Hilfe die Frau für den Mann geschaffen worden sein soll, wenn man vom Gebären absieht" (PL 34, 395ff). Zitiert von *H. van der Meer*, Priestertum (s. Anm. 15), 86f. Vgl. auch *A. M. Wilson*, Augustine (s. Anm. 28), und *K. Børresen*, Subordination et Equivalence. Nature et rôle de la femme d'après Augustin et Thomas d'Aquin, Oslo 1967; *dies.*, Die anthropologischen Grundlagen der Beziehung zwischen Mann und Frau in der klassischen Theologie, in: Conc (D) 12 (1976) 10–17, hier 11.

[33] Dazu nach wie vor unübertroffen *A. Mitterer*, Mann und Weib nach dem biologischen Weltbild des hl. Thomas und dem der Gegenwart, in: ZKTh 57 (1933) 491–556; Mitterer hat bereits den Ausdruck „Androzentrismus" geprägt; *ders.*, Mas occasionatus, in: ZKTh 72 (1950) 80–103.

Schwächere, sie ist daher, *daher* wohlgemerkt, auch die geistig Schwächere, und sie ist wiederum *darum* auch die sittlich Schwächere. Und dann endet die Argumentation wieder bei Genesis 3, warum durch Eva die Schuld in die Welt kam.

Das wird aber nun sehr stark moralisch ausgewertet. Die Frau besitze eine größere Anfälligkeit für die Sünde, und die Frau werde dem Mann zur Versuchung. Adam, das ist die neue Hypothese, habe nur in die Sünde eingewilligt, um Eva zu gefallen.

In der Zeit der Scholastik kommt es interessanterweise in diesem Zusammenhang bereits zu einer lebhaften Auseinandersetzung um Ämter und Dienste der Frauen, einschließlich der Frage nach dem Ordo. Es trifft also nicht zu, was oft behauptet wird, daß diese „neu" sei. Hier gibt es, das hat ein amerikanischer Autor[34] nachgewiesen, bereits eine Reihe von *Argumenten*. Man hat sich also ernstlich Gedanken gemacht, aber letztlich enden die Argumentationen immer so, daß das, was die Verfasser in ihrer Umwelt vorfinden, nämlich die Unterordnung der Frau, auch im Argument bestätigt wird. Ich selbst bin skeptisch geworden gegenüber *Argumenten*, auch dadurch, weil mich Karl Rahner 1962 auf die Dissertation seines Schülers Haye van der Meer aufmerksam gemacht hat[35]: Wenn man die von ihm kritisch referierten Argumente gegen das Priestertum der Frau nachprüft, findet man weithin eine Geschichte der *Vorurteile* gegen Frauen.[36] Nun aber kommt durch diese vorhin erwähnte *moralische* Betonung ein verhängnisvoller Schritt dazu. Die natürliche Frau wird gleichsam zur Bösen, die den Mann verführt, die asketische Frau wird zum Abbild der Gottesmutter. Die Hochschätzung der Frau kann nur über den sich immer

[34] *J. H. Martin OP*, The Injustice of Not Ordaining Women: A Problem for Medieval Theologians, in: Theological Studies 48 (1987) 303–316.

[35] Vgl. dazu *H. Pissarek-Hudelist*, Die Bedeutung der Sakramententheologie Karl Rahners für die Diskussion um das Priestertum der Frau, in: H. Vorgrimler (Hrsg.), Wagnis Theologie. Erfahrungen mit der Theologie Karl Rahners, Freiburg 1979, 417–434, hier 427, Anm. 38. Zur Arbeit van der Meers s. Anm. 15).

[36] Davon ist auch neuere Literatur nicht verschont. Vgl. M. Hauke, Die Problematik um das Frauenpriestertum vor dem Hintergrund der Schöpfungs- und Erlösungsordnung (KKTS 56), Paderborn ^{2}1986.

mehr ausweitenden Madonnenkult erfolgen. Maria als Jungfrau ermöglicht die Erlösung. Die Frau kann aber nur zum lebenden Symbol des Heils werden als Jungfrau. Die verheerende „Praxis dieser Theorie“[37] muß ich noch kurz ansprechen. Das ist die furchtbare Geschichte der Hexenverfolgungen. Es ist ein direkter Zusammenhang nachzuweisen von dieser immer übler werdenden Einschätzung der Frauen bis zum „Hexenhammer“,[38] diesem Lehrbuch der Sexualpathologie, das für so viele Menschen tödlich war. Ich möchte hier gar nicht näher darauf eingehen, was in diesem Machwerk stand. Ich meine nur, aus diesen dreihundert entsetzlichen Jahren direkter Schuld der Kirche (hier hat es auch in Bamberg und Würzburg[39] sehr Schlimmes gegeben) müssen wir lernen und uns fragen: Wie können wir heute solches verhindern und anders mit diesen Fragen umgehen? Mir wird einfach unheimlich, wenn ich in einer Rezension[40] über ein Buch von Hilde Schmölzer, „Phänomen Hexe“, lese: „Dabei ist ihr *völlig* unbewiesenes (Hervorhebung von mir) Ceterum censeo: das war die christliche Frauenfeindschaft, die den Boden bereitete für den Millionenmord an den vermeintlichen Hexen.“ Mir drängt sich hier der schmerzliche Vergleich auf, wie lange es innerhalb der christlichen Kirchen brauchte und braucht, den Zusammenhang zwischen christlichem Antijudaismus und Antisemitismus und den Judenmorden

[37] *M. Bußmann*, Fragen (s. Anm. 2), 74. Literatur dazu: *C. Honegger* (Hrsg.), Die Hexen der Neuzeit. Studien zur Sozialgeschichte eines kulturellen Deutungsmusters, Frankfurt 1978 (mit ausführlicher Bibliographie); *G. Becker/S. Bovenschen u. a.*, Aus der Zeit der Verzweiflung. Zur Genese und Aktualität des Hexenbildes, Frankfurt 1977; *A. Jelsma*, Heilige und Hexen. Die Stellung der Frau im Christentum, Konstanz 1977. Vgl. die verständnisvolle Rezension von *J. Jannberg*s (= G. A. Schilcher) Buch „Ich bin eine Hexe“, Bonn 1983, durch *B. Hessel*, „Ein Ort, an dem mir Recht geschieht ...“ Was Theologen von Hexen lernen können, in: rhs 29 (1986) 245–248. *B. Böttge*, Die Hexen sind wieder da. Anregungen und Materialien zum Thema „Hexen“ im Religionsunterricht (9./10. Schuljahr), in: forum religion 5 (1988) 2–15, mit sehr guter Zusammenstellung der geschichtlichen Hintergründe und erschütternden Materialien (7–11).

[38] *H. Institoris/J. Sprenger*, Malleus maleficarum, 1487; deutsch: J. W. R. Schmidt, Hexenhammer, 3 Teile, Berlin ^{3}1922–1923; Neue Ausgabe: München ^{3}1985.

[39] Vgl. die schreckliche Liste bei *J. Fernau*, Und sie schämeten sich nicht. Ein Zweitausendjahrbericht, München 1980, 85f.

[40] *G. Winkler*, Rezension zu Hilde Schmölzer, Phänomen Hexe. Wahn und Wirklichkeit im Lauf der Jahrhunderte, in: Die Zeit im Buch 41 (1987) 164f.

wahrzunehmen und anzuerkennen. – Außerdem gibt der Rezensent noch abschließend den Rat: „Im übrigen sollten allzu begeisterte Feministinnen die Stimmen jener Therapeuten hören, die wieder die alte Askese als Mittel gegen Sexualneurosen empfehlen.“[41] Ich frage mich, *wer* innerhalb unserer Kirche an Sexualneurosen gelitten hat, wenn ich an den „Hexenhammer“ und seine sozial greifbare Wirkungsgeschichte denke.

Nun zum Schluß: Was folgt daraus für unsere unmittelbare Gegenwart? Wie gehen wir mit diesen Gegebenheiten um, die nach wie vor, ich sage es noch einmal, Realität sind? Ich glaube, wir müssen zuerst einfach trauern, daß es so lange soviel Frauenfeindlichkeit in der Kirche gegeben hat und gibt. Wir müssen einfach trauern, daß auch so bedeutende Heilige wie Augustinus und Thomas, auch Paulus, hier in diesen Chor eingestimmt haben. Wenn ich mit Karl Rahner gerade die Heiligen als Menschen anspreche, bei denen die Gnade Gottes siegreich geblieben ist, dann heißt das andererseits, daß die Gebrechlichkeit, die Versehrtheit dieser Menschen nicht geleugnet, verdrängt werden darf. Das bedeutet: Wir müssen zugeben, daß es innerhalb unserer Kirche hier Schuld gibt. Auch so bedeutende Theologen haben Grenzen, blinde Flecken der Wahrnehmung, haben ihre „Schatten“, wie die Tiefenpsychologie sagt. Das heißt aber für uns: Sobald wir diese Grenzen erkannt haben, dürfen wir sie nicht mehr verschweigen, totschweigen, banalisieren und an den Rand drängen und vor allem nicht die Menschen, die sie gehabt haben, als Vorbilder absolut setzen.

Wenn bei der Ausbildung junger Priester Augustinus und Thomas als Menschen ohne Fehl und Makel hingestellt werden, dann ist das heute nicht mehr zu verantworten. Und ich sage das, obwohl ich zur an Thomas orientierten Neuscholastik einen sehr positiven Bezug habe, weil ich in dieser Form des philosophischen Zugangs an der Theologischen Fakultät in Innsbruck ausgebildet worden und für diese Schule des Denkens bis zum

[41] Ebd.

heutigen Tag dankbar bin. Aber gerade deswegen dürfen wir sie nicht absolut setzen, gerade deswegen müssen wir ihre Grenzen und die Grenzen der Menschen, auf die sich diese Philosophie und Theologie beruft, anerkennen. Wir leben *heute*, wir haben heute neue Einsichten der Tiefenpsychologie gewonnen, wir wissen von der Angst der Männer vor Frauen, von Projektionen dieser Ängste auf Frauen, die tiefenpsychologische Ursachen haben.

Mir scheint überdies, daß auch wir Theologinnen und Theologen, und nicht nur die NaturwissenschaftlerInnen, den sogenannten „Oppenheimer-Effekt" beachten müssen. Auch wir können uns nicht aus der Verantwortung davonstehlen, nach bestem Wissen und Gewissen mitzubedenken, ob eine konkrete theologische Aussage politisch und kirchenpolitisch mißbraucht werden kann und/oder eine Gruppe von vornherein benachteiligt. Auch unsere theologischen Reflexionen müssen einen möglichen „Verwertungszusammenhang" berücksichtigen. Dem dürfen wir uns ebensowenig entziehen wie die AtomwissenschaftlerInnen, auch wenn unsere Fehler weniger sichtbar sind als die Folgen einer Atomexplosion.

Trotz allem zeigt ein Blick in die Geschichte nicht nur die Last, sondern auch die unzerstörbare Kraft unserer christlichen Überlieferung. Wir haben auch heute noch eine Kirche, die immer wieder das lebendige Wirken des Heiligen Geistes erfährt. Ich meine daher, wir sollten gemeinsam, Frauen und Männer, Männer und Frauen, versuchen, neue Lebendigkeit, neue Gemeinsamkeit, neue Geschwisterlichkeit in unserer Kirche zu leben.

Jörg Splett

Die Frau in der Sicht einer christlichen Philosophie

1. Voraussetzungen: Ein personalistisches Verständnis von Mensch, Leib und Geschlechtlichkeit

(1) Unsere folgenden Erwägungen setzen ein personales Verständnis des Menschen und seiner Leiblichkeit voraus.[1] Das heißt, der Mensch wird nicht zuerst als Lebewesen, gar als Tier gesehen, das sodann mit mehr oder weniger Verstand und Freiheit begabt ist, wie immer man diesen naturgeschichtlichen Erwerb des näheren erklären mag (als erworbene Schwäche oder Hemmung, durch Entwicklung bestimmter Hirnteile, als Resultat der Selbstdomestikation oder Universalisierung der Sinnlichkeit ...); sondern er wird grundsätzlich als *Freiheitswesen* und *Person* aufgefaßt, als Ich und Träger eines „Namens", der auf diesen Ich-Kern verweist: als ein Subjekt nicht bloß von Werten, sondern von Würde.

Gewiß lebt dieses Ich in einem organischen Körper, und dies beileibe (!) nicht unbedeutsamerweise; dennoch verstehen wir nicht seine Geistigkeit vom Organischen aus, sondern umgekehrt seine *organische Verfaßtheit von seinem Geist- und Freiheit-sein her*. Leib(lichkeit) sei hier das Da-sein, die Da-seins-Weise menschlicher Person: die Weise, wie sie – als Subjekt wie als Objekt – für andere da ist.

Das klingt unvermeidlich abstrakt, doch kann die passende Konkretisierung leicht ein jeder selbst vornehmen. Denn selbstverständlich ist Leib nicht erstlich ein Denk-Gegenstand. Wir

[1] Sie nehmen fortführend auf, was in größerem Zusammenhang greifbar ist, in: *J. Splett*, Der Mensch: Mann und Frau, Frankfurt 1980. Ihrerseits sind sie eingegangen in Kap. 6: Sexualität, von: *J. Splett*, Freiheits-Erfahrung. Vergegenwärtigungen christlicher Anthropo-theologie, Frankfurt 1986.

erleben ihn in Lust und Schmerz, in Frische, Abmattung, Hunger, Sättigung und so weiter. Aber man darf sich dann auch – philosophisch – fragen, *was* dieses Erlebte sei; und darauf antwortet in einem ersten Schritt unser Begriff der *„Daseins-Weise“*.

Leib ist die Weise, wie ich für die anderen als ihr Objekt da bin: man wird gesehen und gehört, kann angefaßt, behandelt und beurteilt werden. Zugleich ist Leib mein Sein für andere auch so, daß ich auf sie einwirken kann; daß ich sie meinerseits als Subjekt in verschiedenster Weise bestimme. Leib ist demnach, ein wenig poetisch gesagt, das Antlitz des Ich. Ich *bin* also nicht einfachhin mein Leib; doch *habe* ich ihn auch nicht bloß: er ist das Wie meines Daseins – für die anderen, und so auch für mich selbst. Ich bin leiblich.

(2) Geschlechtlichkeit nun ist an diesem Dasein die ausgezeichnete Weise, wie genauerhin das Ich auf das Nicht-Ich verwiesen ist. Das klingt wiederum fremd: verfremdet und befremdlich, läßt sich aber genauso rasch verdeutlichen. Einmal nämlich wird die Bindung an das Nicht-Bewußte, die Konfrontation mit jener Selbständigkeit des Naturhaften, die wir Trieb nennen, am schärfsten wohl in der Geschlechtlichkeit erfahren, und dies so, daß zugleich hier das Ich aufs stärkste mitbetroffen und engagiert ist.

Die Behauptung ist nicht unbestritten. Ernst Bloch etwa sieht im Hunger den fundamentalen Lebenstrieb. Empirische Befunde bieten Belege für beides: sowohl für ein Überwiegen des Sexual-Triebs über den Hunger wie umgekehrt. In jedem Fall aber – und dies das zweite – richtet sich der Hunger nicht entfernt in gleichem Maß zugleich so auf *den* anderen, wie es beim Geschlechtstrieb geschieht.

Und darin sehe ich das Besondere der Sexualität: wie nirgends sonst ist hier der Mensch zugleich auf das andere und auf den anderen verwiesen. So sehr, daß jeder von uns diesem Doppel-Bezug seine Existenz dankt. Gerade in dieser intimen *Verknotung der Dimensionen* liegt die besondere Problematik. Und sie erklärt wohl am ehesten, warum Sexualität in den verschiedensten

Kulturen, in Kunst und Literatur, in den Medien, im alltäglichen Denken und Reden das Thema Nummer Eins ist.

Wenn darum Theologen betonen, das sechste Gebot sei nicht das erste (wie bestimmte kirchliche Erziehungsformen nahelegten), dann ist dem zwar wahrlich nicht zu widersprechen – auch für die Griechen waren Aphrodite und Eros nicht die obersten Götter; doch es wäre eine Über-Reaktion auf frühere Fixierungen und würde wiederum der Wirklichkeit des Menschen nicht gerecht, wollte man jetzt seine Geschlechtsbestimmtheit nur als Sekundärmerkmal buchen. Sie prägt ihn vielmehr, wie wir nun bedenken wollen, durch und durch: „Grad und Art der Geschlechtlichkeit eines Menschen reicht bis in den letzten Gipfel seines Geistes hinauf" (Friedrich Nietzsche).[2] Und dies nicht beiläufig, sondern zentral: eben im Kreuzpunkt der beiden genannten Bezugs-Dimensionen.

2. *Last des Unterschieds*

Es spricht viel dafür, daß die Fremdheit zwischen Ich und Du sich am schärfsten zwischen den Geschlechtern zeigt, reden sie beide doch geradezu in verschiedenen Sprachen. In Doderers Roman „Die Strudlhofstiege" sinniert René Stangeler einmal darüber, daß man zwei Wörterbücher anlegen müßte, ein männliches und ein weibliches. Aber wer sollte sie jeweils verfassen, und wie käme man in der gemischten Koordinationskommission zu Resultaten?

Da wir noch zu wenig kultiviert sind, um das Anderssein des Anderen zu respektieren, weil nach wie vor Andersheit als Negativität aufgefaßt wird (von der Alltagsreserve gegenüber Ausländern bis zur Hegelianischen Dialektik und New-Age-Einheitsträumen), legt sich eine Leugnung oder Minimalisierung der Unterschiede im Dienst der Humanisierung nahe.

Aber das kann kein Weg sein – und er wird ja auch von der

[2] Jenseits von Gut und Böse IV 75 (KStA V 87).

neuen Frauenbewegung nicht mehr beschritten (was sollte sonst eine feministische Theologie beispielsweise?).

Will man der Geschlechtlichkeit ihre entscheidende Rolle im Leben und Selbstverständnis des Menschen und in der Suche nach seiner Menschlichkeit nicht bestreiten, muß man auch die *entscheidende Rolle der Geschlechterdifferenz* anerkennen; definiert sich Geschlechtlichkeit doch keineswegs etwa durch Bezug auf bestimmte Rückenmarksnerven. Sie bestimmt sich nicht einmal (gerade „natürlicherweise" nicht) allein durch polaren Partner-Bezug. Vielmehr gehört grundsätzlich und wesentlich das Vater- bzw. Mutter-sein-Können zu ihr; eine Dimension, die dem Mann nicht durch sich, sondern nur durch die Frau erfüllt werden kann, wie umgekehrt.

Damit wird hier keine „Fruchtbarkeitsideologie", erst recht kein Biologismus vertreten. Selbstverständlich sind Mann und Frau, was sie sind, auch ohne Vater und Mutter zu sein – so wie beide sind und sein können, was sie sind, ohne geschlechtlichen Vollzug: in der Lebensform bewußter Jungfräulichkeit. Aber Verzicht und Opfer oder aufgearbeitete Versagung sind etwas anderes als Verleugnung oder Verdrängung, und die gibt es heute durchaus – zwar nicht bezüglich der Sexualität (wie vor 80 Jahren, besonders im Blick auf die Frau und das Kind), doch bezüglich ihrer Zukunfts- und Weitergabe-Bedeutung.

Mag, was man im einzelnen als männlich oder weiblich aufzählt, von der jeweiligen Kultur geprägt und bedingt sein: der biologische Unterschied mit seiner fundamentalen *Aufgabenteilung* zwischen Mann und Frau besteht fort. Und er verweist gemäß der hier vertretenen Anthropologie auf eine *Polarität im Personalen* zurück, auch vor einer – immer noch offenen, wohl gar nicht zu erwartenden – „philosophischen Entscheidung darüber", wie Max Scheler es formuliert hat, „ob weiblich/männlich nur ein induktiv-empirischer Begriffsunterschied ist oder aber ein schon mit dem Wesen des Lebendigen selbst gesetzter Wesensunterschied"[3].

[3] Vom Umsturz der Werte. Abhandlungen und Aufsätze, Bern – München [5]1972, 206. – Für Dietrich von Hildebrand „verkörpern Mann und Frau auch zwei verschiedene

Dabei kann mit „Wesensunterschied" ohnehin nicht strikten Sinns das metaphysische Wesen gemeint sein; das heißt, Mann und Frau bilden selbstverständlich nach dem hier Gesagten nicht etwa zwei Arten; sondern sie stellen *zwei Seinsweisen desselben:* eben des Menschen dar. Aber daraus folgt eben nicht, wie in der klassischen Metaphysik und bei einem Teil der heutigen Vorkämpfer für Emanzipation, daß dieser Unterschied zweitrangig oder beiläufig wäre; daß, was man gesagt hat, die „Seelen" ohne Leib geschlechtslos wären.

Ein letztes Mal sei die eingangs getroffene Bestimmung aufgenommen: Leib ist die Weise, wie ich da bin und wie du da bist, wie wir für einander da sind. „Seele" wäre dann dies Ich beziehungsweise Du, das jeweils für den anderen da ist – und zwar weder abstrakt noch als bloßes Neutrum.

3. Der „wahre" Unterschied?

(1) Das Fazit der Diskussionen der vergangenen Jahre kann man wohl (mit Ekkehard Kloehn[4]) auf die Formel bringen: „Geschlechtstypisches Verhalten als Ergebnis des Wechselspiels zwischen Grundausstattung und Umwelt".

„Sexistische" Erziehung unterstreicht und verschärft die Unterschiede; sie tendiert zur „Rollen"-Festlegung. Da die Rollenvorgaben aber zumeist auf eine Benachteiligung des Mädchens und der Frau hinauslaufen, ist es verständlich, daß besonders Frauen, und hier nochmals junge Frauen, insbesondere Studentinnen, an diesem Punkt des weiten Themas „Sexualität" am vehementesten protestieren.

Typen des Menschseins, die je ihren besonderen Schöpfungssinn und ihren besonderen Wert, noch unabhängig von aller Fortpflanzung, haben […] Nein, der Unterschied von Mann und Frau ist ein metaphysischer, wie schon die Pythagoreer richtig ahnten, als sie männlich und weiblich unter die Kategorien aufnahmen, und wie das Mittelalter empfand, als es die Frage aufwarf, ob auch die Engel in männliche und weibliche zerfallen." Die Ehe (1929), St. Ottilien [3]1983, 12f.

[4] Typisch weiblich? Typisch männlich? Geschlechterkrieg oder neues Verständnis von Mann und Frau, Reinbek b. Hamburg 1982, 189.

Die *Schwierigkeit* liegt darin, daß die Differenz sich kaum recht fassen läßt. Konkret (Karl Rahner: „kategorial") kann man Männlich- und Weiblichsein eben allein in kultureller Geprägtheit festmachen. Und Kulturen gibt es nur im mannigfaltigsten, teils sogar widersprüchlichen Plural. Dem Singular-Begriff „Natur" aber entzieht sich das spezifisch Menschlich-Personale. Darum die Vorbehalte etwa gegen die Ausdruckstypologie Philipp Lerschs.[5]

Wir stehen hier vor einem *Sonderfall der normativen Frage* nach dem Menschsein überhaupt: Der „kategorische Imperativ", die Würde des Menschen in Theorie wie Praxis zu respektieren, gilt unbedingt und uneingeschränkt. Doch seine Konkretion führt zu den unterschiedlichsten Ethiken (auch wenn man Fehlformen – ist doch nicht jegliches, was irgendwo begegnet, nur schon deshalb auch zu billigen – ausschließt). – Das Kern-Phänomen Sprache haben wir schon angeführt. Dazu nur die Erinnerung, daß Sprachen nicht bloß Zeichen-Systeme, sondern jeweils Entwürfe von Welt sind (wenngleich – gegen Whorf-Sapir zu sagen – innerhalb der umgreifend-einen Welt des Menschen und des Humanen).

(2) Versuchen wir gleichwohl eine Füllung der (Quasi-) Begriffe männlich/weiblich (nicht von Mann und Frau, und schon gar nicht für deren Rollen in unserer Gesellschaft von heute und morgen).

Screwtape bringt in einer seiner Dienstanweisungen an den Unterteufel Wormwood (in der für die Hölle kritischen Situation, da dessen Klient sich verliebt und verlobt hat) die Differenz auf die Formel, eine Frau verstehe unter Selbstlosigkeit hauptsächlich, sich um andere zu bemühen, ein Mann dagegen, andere nicht zu bemühen. Darum werde mühelos jedes Geschlecht das andere als „im Grunde" selbstsüchtig ansehen.[6] Die Formel ist

[5] Vom Wesen der Geschlechter, München – Basel ^{4}1971; dazu: *H. Beck/A. Rieber,* Anthropologie und Ethik der Sexualität. Zur ideologischen Auseinandersetzung um körperliche Liebe, München – Salzburg 1982, 79–99.

[6] *C. S. Lewis,* Dienstanweisung an einen Unterteufel, Freiburg ^{2}1982, 112f (26. Brief). Vgl. *H. von Hofmannsthal:* „Die Manieren ruhen auf einer doppelten Grundlage: dem

so klar wie simpel. Aber man nehme sie zum Anlaß einer Diskussion, um zu erfahren, wie tief sie reicht.

Fruchtbarer wäre es freilich, sie zum Anstoß des Gesprächs, gemeinsamer Besinnung zu wählen. Dabei könnte sich die Unterschiedlichkeit gerade nochmals im Verhältnis zu eben diesem Gespräch, ja zu der Sprache selber, zeigen. Und darauf zielt unser Hinweis-Versuch. Er muß dazu jedoch zunächst hinter unsere Thema-Frage zurück auf *das sprachliche In-der-Welt-Sein* des Menschen überhaupt eingehen.

Von den zwei Wörterbüchern war schon die Rede; darüber hinaus davon, daß Sprache nicht nur ein gegebenes Zeichensystem ist, sondern der Ordnungsentwurf, in dem der Mensch sich erst Welt gibt. Das ist freilich keineswegs idealistisch gemeint.

Die Farben und Klänge der Dinge stellen Qualitäten dar, die man bekanntlich nicht dadurch „erklärt", daß man sie auf die entsprechenden Schwingungen zurückführt. Schwingungen sind vielleicht *mögliche* Töne und Farben, aber niemals deren Wirklichkeit; und diese Wirklichkeit erreichen sie nicht aus sich selbst, vielmehr erst durch unser Hören und Sehen. Aber so doch nicht allein von unseren Gnaden; wir nehmen ja gerade diese Dinge wahr und keine anderen, mit diesen und nicht anderen Bestimmungen. Farbe und Klang werden also von ihnen und uns „gemeinsam" erwirkt. Doch nicht nur Farbe und Klang, sondern die „Qualität" der Dinge überhaupt, ihre Wesensgestalt, wird „von innen und außen", von ihnen und von uns gebildet.

Die Bibel drückt das so aus, daß den geschaffenen Tieren erst Adam ihre Namen gibt (Gen 2,19f); man braucht sich nur zu erinnern, daß für den Semiten Name nicht ein bloßes Etikett, sondern das Wesen, die Wirklichkeit selbst des Genannten bedeutet. So verdanken die Dinge und alle Geschöpfe ihr Wesen zwar erstlich und unvergleichlich dem Schöpfer, doch in einem

anderen alle Aufmerksamkeit erweisen, sich selber nicht aufdrängen." Buch der Freunde, Frankfurt 1965, 30 (Ges. Werke in Einzel-Ausgaben: Aufzeichnungen, Frankfurt 1959, 29).

damit auch der Namengebung Adams, der „Sprache“ des Menschen. (Sie waren – unbestritten – auch schon „vor“ ihm da und wirklich, aber doch im Grund nur so, wie eine Farbe „wirklich“ ist, die niemand sieht.) Derart ist jeder von uns in der Weise von Gott erschaffen, daß er von Menschen gezeugt und geboren worden ist.

Die Dinge, ihre Bezüge, ihr Gesamt und dessen Ordnung, die ganze Welt des Menschen „hat“ er also als die seiner Sprache (auch sein Denken wird nochmals von ihr bestimmt). Maurice Blondel bringt es auf die kompakte Formel: „Die Dinge sind nicht, weil wir bewirken, daß sie sind; sondern sie sind so, daß wir bewirken, daß sie sind, und sie bewirken, daß wir sind.“[7]

Bei solcher Wechsel-wirkung ist der Mensch zwar in seiner konkreten Sprache nicht gefangen; denn man kann von jeder in die andere über-setzen; doch bis zu welchem Grad? Man kann von der eigenen Sprache aus zu anderen hinübergehen; aber kommt man jemals aus ihr hinaus?

Bestimmt die Sprache aber so den Menschen und sein Weltverhältnis durch und durch, dann prägt sie auch sein Verhältnis zu sich und schließlich zu ihr, seiner Sprache, selbst. Und damit sind wir endlich wieder zu unserer Frage gekommen. Wir wollen uns vor Simplifizierungen hüten, und es kann ohnehin nur um den Hinweis auf Akzentuierungen gehen; aber vielleicht darf man doch sagen, daß Sprache in männlicher Perspektive vor allem Mittel (Instrument) ist, in weiblicher Perspektive eher Medium (Raum der Vermittlung).

Männlich bedient man sich ihrer zur Ordnung und Handhabung der Dinge, zur „Klärung“ der Verhältnisse, unterscheidend: Sprache ist hier vor allem „Begriff“. *Weiblich* lebt man in ihr und bewegt sich gleichsam in ihr; sie klärt hier die Verhältnisse weniger, als daß sie deren Atmosphäre, ihre „Stimmung“ mitteilt, sie hörbar und spürbar werden läßt. Sprache löst derart Ein- und Abschnitte (lat.: praecisio) auf: sie ist vor allem – nicht

[7] Die Aktion (1893), Versuch einer Kritik des Lebens und einer Wissenschaft der Praktik, Freiburg – München 1965, 480.

„Bild“ (das wäre noch zu sehr optisch, „be-greifbar“, Vergleiche bietet eher die Musik), sondern „Anmutung“ oder Zu-Wort-kommen-Lassen. Darum spricht unter Liebesleuten allermeist der Mann der Frau zuwenig (von ihrer Liebe) – und sie ihm zuviel. (Und die oft bemerkte Weiblichkeit des Don Juan bestätigt sich auch darin, daß er vor allem durch seine Worte, besser: durch seine Stimme, verführt – nicht durch Argumente, sondern durch Reden.) Beide haben sich deswegen nicht nur *in* der Sprache zu verständigen, sondern gar über sie.

Dabei kann man sich nicht einfach aus den Mißverständnissen ins Schweigen flüchten, auch wenn das „Nonverbale“ gegenwärtig Konjunktur hat. Gilt hier doch erst recht Stanislaw J. Lec' Aphorismus: „Ohne die Kenntnis der fremden Sprache wirst du niemals das Schweigen des Ausländers verstehen können.“[8] Es bleibt also dabei, daß man sich in der Sprache verständigen muß, und das heißt: in den Sprachen „zwischen“ beiden, in ihrem gemeinsamen Sprachraum.

(3) Inzwischen ist geläufig, daß in der abendländischen Geschichte sich einseitig *das männliche Sprachverständnis* durchgesetzt hat. Wenn Sprache wesentlich Gemeinschaftswirklichkeit ist, Gespräch, dann hat sie ihren ursprünglichen Ort in der Familie, sosehr sie immer darüber hinausreicht und Sprach-Gemeinschaft, Sprach-Familie schafft. „Zu Hause spricht man nicht, damit man versteht, sondern weil man versteht“ (Ernst Fuchs).[9] In der Tat: Wenn man sich „nicht versteht“, dann „spricht man nicht miteinander“. Es gilt indes zu sehen, wie tief dieses Verstehen reicht: es liegt jedem Nicht-Verstehen zugrunde.

Die Sprache bekundet also die Einheit, das gründende Sich-Verstehen der Sprechenden, das alle Fremdheit nochmals untergreift und trägt. Sie zeugt und bezeugt dieses Einssein jedoch gerade, indem sie den Unterschied kundmacht, um den unsere Besinnung kreist. Die Sprache selbst, obwohl sie in ihrer

[8] Alle unfrisierten Gedanken, München 1982, 12.

[9] Das Neue Testament und das hermeneutische Problem, in: ZThK 58 (1961) 198–226, 209.

Einheit die Einheit der Welt gegenwärtigt, zeigt sich als unterschieden: sowohl von der Welt wie vom Denken, die doch beide in ihr zueinander und so erst zur vollen Wirklichkeit kommen, und in dieser Unterscheidung zeigt sie zugleich den Unterschied der Geschlechter.

Man kann ihn mit Georg Scherers Phänomenologie der erotischen Gestalt von Mann und Frau[10] auch so fassen, daß männliches Welt- und Sprachverhalten eher eindringlich, zielhaft, darum zentrifugal und – methodisch – sachbestimmt ist, weibliches auf- und einnehmend, wahrnehmend und bewahrend, zentripetal und einfühlsam situationsgeleitet. Die tradierten Symbole sind Speer und Spiegel.

Ersetzen wir jenen, weil einseitig „martialisch", durch Zeigestab und Messer (das Waffe wie Werkzeug ist)[11] und verdeutlichen wir das Gemeinte durch eine Tagebuchnotiz Max Frischs[12]: „Die Sprache ist wie ein Meißel, der alles weghaut, was nicht Geheimnis ist ... Immer besteht die Gefahr, daß man das Geheimnis zerschlägt, und ebenso die andere Gefahr, daß man vorzeitig aufhört, daß man es einen Klumpen sein läßt, daß man das Geheimnis nicht stellt, nicht faßt, nicht befreit von allem, was immer noch sagbar wäre ..."

Ersetzen wir dann aber auch den Spiegel, weil vielleicht zu narzißtisch, durch dreidimensionale Geräte der Aufnahme, Bewahrung, Wiedergabe: Truhe und Krug.[13] Lebendiger mit einem Vers Hilde Domins gesagt: „Wort und Ding / lagen eng aufeinander / die gleiche Körperwärme / bei Ding und Wort."[14]

Dazu zwei klärende Erläuterungen. Einmal, in Erinnerung an C. G. Jungs „Animus/Anima", den Hinweis, daß die Paarung

[10] Ehe im Horizont des Seins. Zu einem neuen Verständnis der Sexualität, Essen ²1967, 124–136.

[11] Vgl. *H. Bender* (Hrsg.), Mein Gedicht ist mein Messer. Lyriker zu ihren Gedichten, München 1961.

[12] Tagebuch 1946–1949, Zur Schriftstellerei (Ges. W. II 2 [wa 4] 379).

[13] Vgl. den Buchtitel von *M. L. Kaschnitz*, Dein Schweigen – meine Stimme, Hamburg 1962.

[14] Wort und Ding, in: Ich will Dich, Frankfurt 1970, 33. Im übrigen findet sich auch das Messer-Bild bei ihr: „Lieber ein Messer als ein Wort, / Ein Messer kann stumpf sein. /

„männlich/weiblich" nicht deckungsgleich mit „Mann/Frau" ist. Sodann, daß die benannten Unterschiede keineswegs im Sinn von „aktiv/passiv" aufgefaßt werden dürfen, jenem gängigen Mißverstehen gemäß, das sich vor allem in den Vulgärbezeichnungen für den Geschlechtsvollzug ausspricht. Wenn überhaupt, wäre eher das Gegenteil der maskulinen Fehldeutung wahr; sowohl im Blick auf die Erscheinungsgestalt dieses Aktes: angesichts des aus sich herausgetriebenen Mannes und der ihn zur „Beiwohnung" empfangenden Frau; als auch grundsätzlich im Blick auf den Aktvollzug von Geben und Nehmen als solchen, beispielhaft im Sprachgeschehen: Reden ist zweifelsohne ein Tun; aber mehr Kraft und Wachheit braucht es, um wirklich zu hören.[15]

Innerhalb nun dieser Unterschiede setzt sich im Abendland *das männliche Sprachdenken* durch. Das heißt, das Wort wird zum bloßen sinnlichen Zeichen; das „Eigentliche" geschieht zwischen dem Denken und der ihm gemäßen Wirklichkeit. Diese Wirklichkeit ist aber nicht das Einzelne und Einmalige (das kann man nicht denken, sondern nur beim Namen rufen), sondern das vervielfältigbar Allgemeine, das zugleich in allen „Abzügen" das gleiche bleibt; das also niemals wird, sondern stets ist, was es schon immer war.[16] Dieser Realität entspricht der Begriff, und dessen sichtbarste praktische Umsetzung – als tätiges Begreifen, nicht mehr nur gedankliches „System" – ist die Technik (im weitesten Sinn: vom Handwerk bis zum modernen wirtschaftlichen wie politischen „Betrieb").

Setzt dieses Weltverhältnis sich als das eigentlich rechte, dann muß es die Momente, die es nicht berücksichtigt, für minderwertig erklären. Das Wort, der Name, das Einzelne, die

Ein Messer trifft oft / am Herzen vorbei. / Nicht das Wort." Unaufhaltsam, in: Rückkehr der Schiffe, Frankfurt 1962, 19.

[15] Und man bedenke obendrein Karl Kraus' schönen Vers: „Hab ich dein Ohr nur, find' ich schon mein Wort." Zuflucht, in: Worte in Versen, München 1959, 63.

[16] Vgl. *F. K. Mayr*, Sprache, Sprachphilosophie, in: SM 4, 695–707 (auch in Herders theol. Taschenlexikon); *ders.*, Trinitätstheologie und theolog. Anthropologie, in: ZThK 68 (1971) 427–477, bes. 431–455 (Die patriarchal-matriarchale Grundstruktur der griechischen Metaphysik).

Geschichte, das Werden, die ungreifbare „Materie“ (man begreift ja immer nur „Strukturen“), das „Irrationale“, schließlich die Frau: all das wird im Vergleich mit dem jeweiligen Gegenpol nicht nur vernachlässigt, es wird auch ausdrücklich zur Wirklichkeit zweiten Ranges erklärt.

Man begreift, wie der *Gegenstoß* nahezu unvermeidlich derselben Einseitigkeit verfiel, ja seinerseits noch radikaler um- und abwertete; denn da man ihm keine Auseinandersetzung gleichen Rechts erlaubte, wurde er notgedrungen revolutionär (dies auf der ganzen Breite der genannten Themen: vom Materialismus bis zur Neuen Frauenbewegung). Ebenso aber blieb er dem Denken verhaftet, gegen das er aufbegehrte. Kehrt man nämlich den Vorrang in den verschiedenen Gegensatz-Feldern nur um, dann denkt man einseitig immer noch in der trennenden, „begrifflichen“, „technischen“ Weise wie vorher (man teilt und stuft ja nach „Klassen“) – nur konfus. Denn wenn man trennt und wo Begriff und Technik ihre Stelle haben, da(nn) ist nur die erste Wertung, nicht ihre Umkehrung sinnvoll.

Es kann also nie darum gehen, Denken, Begriff und Technik abzuwerten; vielmehr nur darum, *der Sprache, dem Wort und dem Spiel ihren Wert zurückzuerstatten.* Die Frage nach dem Wertgefälle zwischen beiden hat keinen Sinn; denn woher nähme eine Antwort ihr Maß? (Besitzt ein „stimmiger“ Würfel mehr Wert als ein „plastischer“ Oboenton?)

4. Statt begrifflicher Fixierung gemeinsames Unterwegs

Die Frage nach dem wahren Unterschied vertieft sich also philosophisch zu der nach dem Sinn seiner *Wahrheit*. Besteht er? Und worin besteht er? hieß es zunächst; jetzt: Was heißt „wahrer Unterschied“ und wie ist, was da besteht, angemessen zu denken?

Sprache versteht sich mit Sprache nur als *Sprache gegenseitiger Bejahung:* Indem eine jede ihr Eigenes, sich selbst in das

Gespräch einbringt, um eben so die andere in deren Eigensein als ein Geschenk der Er-gänzung entgegenzunehmen. Jeder versteht und „spricht" in diesem Sinne auch die Sprache des anderen (vgl. das eschatologische Motiv der Aufhebung des babylonischen Unglücks durch den Geist als die Person fruchtbaren Empfangs: Apg 2). Doch unaufhebbar hört und spricht ein jeder nur auf seine Weise. Denn das*selbe* muß, wie wir gesehen haben, keineswegs auf *gleiche* Art geschehen.

Wächst aber menschliches Gespräch derart aus dem Zusammenklang beider Sprachen, dann ergibt sich als bedenkenswerte Konsequenz, daß es *die* Sprache personalen Menschseins als solche gar nicht gibt. Sie hat weder Wörterbuch noch Grammatik; man kann sie nach keinem Lehrbuch vermitteln und studieren. Gesprochen werden die eigenen Sprachen. In gewisser Weise müssen sie dabei sich selbst erst noch finden,[17] mehr oder minder. Aber zwischen ihren Worten, „in" ihnen (nicht dahinter, nicht nur gedacht noch bloß gefühlt, sondern unausgesprochen *gesagt*) sprechen wir die eine Sprache des Menschen.

Wenn hier also für die Wahrung des Unterschieds zwischen Mann- und Frausein plädiert wird – in der Überzeugung, es handle sich keineswegs um eine „petite différence" –, dann spricht das Plädoyer zugleich *für ein rechtes Verständnis dieses Unterschieds*, nämlich gegen seine (einseitig „männliche") begriffliche Fixierung.

Es gibt biologisch Fixpunkte und philosophisch grundsätzlich die festzuhaltende These von der nicht bloß abstrakten, sondern realen Unterschiedlichkeit als solcher. Aber deren konkrete Gestalt – epochal, kulturell wie individuell (für den Einzelnen wie für das Paar bzw. die Familie) – wird nur geschichtlich. Und

[17] Was *Otto Hermann Pesch* hierzu bezüglich der Frauen-*Theologie* sagt, gilt wohl darüber hinaus für deren Selbstvergewisserung überhaupt: „Diesen Prozeß der Selbstfindung, der noch im Gang befindlichen Ausarbeitung der Fragen und der ersten Antworten und Verstehensangebote sollte die ‚maskuline Theologie' nicht durch sofortiges Mitdiskutieren stören, sondern statt dessen die feministische Theologie vorerst mit sich allein lassen und sich – das allerdings! – aufs lernbereite Zuhören beschränken." Freisein aus Gnade. Theologische Anthropologie, Freiburg 1983, 438.

Geschichte ist ihrerseits ein dialogisches Geschehen von Freiheit in/und Natur, von Einzelfreiheit in/und Gemeinschaft.

So muß wieder einmal der Philosoph die Antwort auf die Frage schuldig bleiben, die man ihm stellt. Aber natürlich erklärt er, eben dies sei die Antwort. Nicht im Sinne Hegels, der einmal notiert hat: „Die Fragen, welche die Philosophie nicht beantwortet, sind so beantwortet, daß sie so nicht gemacht werden sollen."[18] Sondern in dem Sinn, daß sie uns aus der Theorie in bedachtsames Leben verweisen. Lebensfragen wollen nicht beantwortet werden, sondern – verantwortlich – gelebt.

Für eine christliche Philosophie gibt die Rede von Verantwortung zuletzt nur in einem theo-logischen Horizont Sinn. Weder im Selbst-Bezug noch in dem auf die Menschheit noch auf „Werte" hin vermag sie jenen Ernst zu entdecken, den sie im Gewissens-Anruf erfährt. Die Natur-Gegebenheiten deutet sie darum als Schöpfungs-Ordnung. *Welt und Dinge haben Wort-Charakter.*[19] Und Mann wie Frau haben jeweils auf das Wort zu erwidern, das an eben sie ergangen ist statt an den anderen. Dietrich von Hildebrand weist an der oben angeführten Stelle zum Unterschied der Geschlechter (Anm. 3) auf *die männlichen und weiblichen Heiligen* hin, die je in ihrer besonderen Weise das eine Notwendige verwirklicht haben. In der Tat, wenn man die großen Heiligen mit Karl Rahner als „Schöpfer eines neuen Stils" bezeichnen kann,[20] dann wäre es reizvoll, sie auch einmal unter der Rücksicht zu befragen, welche Vorbildlichkeit – über alle Zeitunterschiede hinweg – ihnen für den „Stil" humanen Mann- und Frauseins zukommt.

Vielleicht wird dann auch und gerade auf diesem Weg deutlich, daß das Wort der *Schöpfungsordnung* in seinem fordernden Ernst doch nicht als eine Anordnung nach dem Muster durchformulierter Ausführungsbestimmungen gehört werden will.[21] – Mann- und Frausein stellen nicht Vorschriften

[18] *K. Rosenkranz*, G. W. F. Hegels Leben, Darmstadt 1969 (Berlin 1844), 543.
[19] *W. Kern*, Gott schafft durch das Wort: MySal 2, 467–477, bes. 471ff.
[20] Z. B. in: *P. Manns* (Hrsg.), Die Heiligen in ihrer Zeit, Mainz ^{2}1966, I 12–14.

dar, sondern einen Auftrag, eine Aufgabe welt- und selbstgestaltender Freiheit. Zuvor und grundlegend aber ist *beides Gabe:* an das jeweilige Ich; doch jeweils – in welcher Lebensgestalt auch immer – für den anderen.

[21] *J. Splett*, „Macht euch die Erde untertan"? Zur ethisch-religiösen Begrenzung technischen Zugriffs, in: ThPh 57 (1982) 260–274, bes. 266–272 (Der Mensch als Verwalter), bzw. in: A. J. Buch/J. Splett (Hrsg.), Wissenschaft. Technik. Humanität. Beiträge zu einer konkreten Ethik, Frankfurt 1982, 175–202, bes. 188–198.

Johannes C. Brengelmann

Maskulinität und Femininität: Verhaltenseffektivität und Lebensqualität

1. Zielsetzung

Das Thema dieses Beitrages ist im vorwissenschaftlichen Bereich ein Dauerbrenner, auch bei uns. Im wissenschaftlichen Bereich müssen wir fast sämtliche Informationen aus den angloamerikanischen Ländern beziehen. Diese sind allerdings dank der Pionierarbeiten von Sandra Bem in den letzten 15 Jahren sprunghaft angestiegen. Ich bedanke mich bei meiner früheren Mitarbeiterin Carol McMahon (1987) dafür, daß sie diese Entwicklung in deutscher Sprache beschrieben und eigene Ergebnisse hinzugefügt hat.

Der Grund für eine plötzlich steigende Forschungsaktivität liegt häufig in der Formulierung und Propagierung einer Idee, die „wegen ihrer Aktualität" vielerorts aufgegriffen und denkerisch mehr oder weniger systematisch analysiert wird. Was diese Aktualität veranlaßt, bleibt meist im dunkeln – genauso wie die Tatsache, daß sie im deutschen Sprachraum ausblieb. Im vorliegenden Fall wurde die Aktivität nicht durch eine neuartige Idee ausgelöst, sondern durch einen einfachen Test, mit dessen Hilfe die Geschlechtsrollen in einer Standardforschungssituation gemessen wurden.

Sandra Bem (1974, 1978) bestimmte den Grad der Maskulinität und Femininität als erste systematisch und setzte ihn mit einer Reihe von Merkmalen und Aktivitäten in Beziehung, um die Natur der Geschlechtsrollen besser verstehen zu können. Andere Autorinnen griffen diese Entwicklung auf. Durch die Beobachtung, daß das biologische Geschlecht nicht mit der psychologischen Maskulinität und Femininität übereinstimmt, hat sich das Interesse auf die Androgynie gerichtet. Eine androgyne Person ist sowohl maskulin als auch feminin, woraus sich bestimmte Verhaltensvorteile ergeben.

Das Problem „Geschlechtsrolle“ wird nicht nur experimentell bearbeitet, sondern auch rational von vielen „Denkern“. Dies führt – je nach Einstellung des Denkers – zu sehr unterschiedlichen Vorstellungen und Zielsetzungen, zum Beispiel, daß Frauen die Männerwelt anstreben und okkupieren sollen, um ein „Unrecht“ auszugleichen. Damit ist nicht selten der Vorschlag verbunden, daß Frauen dies am besten durch männliches Benehmen erreichen. Derartige Fragen sind philosophisch nicht lösbar, wohl aber durch Experiment. Durch rationale Überlegungen können solche Probleme wohl für Untersuchungen aufbereitet, nicht aber sinnvoll entschieden werden. Dies ist Aufgabe des mit guten Daten bewehrten Forschers.

Durch eigene Daten möchte ich besonders zwei Fragen schärfer umreißen als bisher geschehen, nämlich die, wie sich das biologische Geschlecht mit den Geschlechtsrollen vergleicht und welche Besonderheiten den Geschlechtsrollen zukommen. Mein persönlicher Eindruck ist einerseits, daß die biologischen Differenzen meistens sehr viel stärker betont werden als die Gemeinsamkeiten der Geschlechter. Andere Denker ziehen es vor, die Unterschiede zwischen den Geschlechtern zu minimieren, vielleicht, um der Frau die Chance zu besorgen, die Vorteile der männlichen Rolle zu erwerben. Damit grenzen wir an die emotionell getragenen Überzeugungsrichtungen des Biologismus und Feminismus an, die nicht Gegenstand unseres Themas sind, aber zum besseren Verständnis mitbehandelt werden. Das zentrale Interesse richtet sich nach wie vor auf das die Geschlechtsrollen tragende Verhalten. An diesem geht kein Weg vorbei, wenn wir die emotionellen Vorurteile aus der Diskussion zur Frauenrolle herausnehmen wollen. Die Hauptverantwortlichen für die Provokation emotioneller Vorurteile sind die soziologischen Konflikttheoretiker, so daß wir uns mit diesen ein wenig genauer befassen. Sie geben eine erwünschte Gelegenheit, um den vernünftigen Weg aufzuweisen, nämlich den, der durch die natürlichen Bedingungen des Verhaltens vorgezeichnet ist.

2. Ursprünge der sozialen Konflikttheorie

Als sich die Experimentalpsychologen um die Jahrhundertwende mit der Messung einfacher Reaktionen der Motorik, der Wahrnehmung und des Lernens befaßten, bemühten sich Philosophen und Soziologen um das Verständnis gesellschaftlicher Strukturen und Veränderungen. Heute befassen sich Experimentalpsychologen mit der Messung selbst kompliziertester Verhaltensstrukturen und entwickeln daraus umfassende Systeme kultureller Aktivitäten oder Verhaltensbezüge, während sich Philosophen und Soziologen nach wie vor auf die Systematisierung ihrer Thesen mit Hilfe abstrakter und ungemessener Vorstellungen verlassen (Brengelmann, 1988). Die Lücke zwischen Verhaltensforschern und soziologischen Forschern ist weit aufgerissen, weil die ersteren das Verhalten konkret bearbeiten, d. h. ihre Theorien *aus dem Verhalten heraus* entwickeln, während die letzteren in abstrakterer Form *über* das Verhalten berichten, als ob es außerhalb des Verhaltens liegende Gesetzmäßigkeiten philosophischer Art gäbe, die das Verhalten regieren. Dies sind inkompatible Unterschiede in der Methodik. Die Verhaltensforscher besitzen in der kontrollierten experimentellen Planung und wahrscheinlichkeitsstatistischen Prüfung von Vorhersagen überlegene Methoden, während die Soziologen sehr viel theoretischer vorgehen und deshalb nicht an den Kern der Sache gelangen, nämlich an das konkrete Verhalten. An diesem Punkt ist kein Schulterschluß zwischen Psychologie und Soziologie in Sicht. Die Verhaltenspsychologie drängt aber von sich aus zunehmend in komplexere Anwendungsbereiche vor, die früher von Soziologen gehalten wurden. Die Geschlechtsrollenforschung ist eine davon.

Ein entscheidender Punkt in dieser Entwicklung ist der, daß die Verhaltensforschung sich als wesentlich neutraler oder wertfreier erwiesen hat als die Soziologie, die vorsätzlich mit Wertvorstellungen operierte und vorzüglich konfliktorientiert war. Das erste Treffen der „American Sociological Society" 1907 widmete sich dem Hauptthema „sozialer Konflikt". Diesem

Konflikt wurden insofern positive Funktionen zugeschrieben, als er für Veränderungen und sogar Fortschritte in sozialen Bereichen der Gesellschaft verantwortlich gemacht wurde, für die er vielleicht gar nicht verantwortlich war. Der deutsche Soziologe Georg Simmel (1858–1918), auch als Begründer der „formalen" Soziologie angesehen, betrachtete den sozialen Konflikt als eine positive Form der Sozialisierung. Nach seiner Meinung fehlte es einer harmonischen Welt an Prozeß und Struktur. Menschliche Gruppen – so heißt es – benötigten Disharmonie genauso wie Harmonie und bräuchten Dissoziation genauso wie Zusammengehörigkeit.

Derartige Ideen bzw. Ideologien sind für den Verhaltensforscher abstrus, weil mit der wissenschaftlichen Realität, d. h. mit der bekannten Wirksamkeit der Lerngesetze, nicht vereinbar. In welcher Form auch immer besitzen solche Ideologien im unüberprüften Zustand keinen Sachwert und sind daher für die Diagnostik und sinnvolle Änderung menschlicher Situationen untauglich.

Auf der Gegenseite stehen die Verhaltensforscher, die ihre Thesen experimentell erhärtet haben. Sie wissen mit Sicherheit, daß positive Verstärkung von persönlicher Initiative und Verantwortlichkeit in freiheitlicher Kooperation mit anderen Individuen Fortschritt und zufriedenstellende Lebensqualität bedingen. Sie wissen auch, daß frustrierter Protest und nötigende Freiheitsbeschränkung Symptome von Persönlichkeitsstörung sind und nicht etwa von brauchbarer Gesellschaftsphilosophie.

Natürlich hat es auch Soziologen gegeben, deren Thesen jenen der Verhaltensforscher verwandt waren, zum Beispiel Talcott Parsons (1951, 1961). Für ihn war Konflikt dysfunktional und zerstörerisch, eine Krankheit im sozialen Körper. Der Weg einer objektiveren Wissenschaft ist den Soziologen vor allem durch Karl Popper (1984) gezeigt worden.

3. *Sexismus als sozialer Konflikt*

Ein vielbeachteter Sozialkonflikt der jüngeren Zeit ist der Sexismus. Damit ist eine Einstellung, eine Aktion oder eine institutionelle Einrichtung gemeint, bei der das Geschlecht einer Person die Art ihrer Behandlung auch dann mitbestimmt, wenn es für eine Entscheidung irrelevant sein sollte. Sexismus findet sich gewöhnlich in Form einer Diskriminierung von Frauen. Man unterscheidet den persönlichen und den gesellschaftlichen Sexismus. Eine negative Einstellung gegen Frauen wird fast universell bei Männern gefunden. Sie ist – wie die meisten Vorurteile – ein spezifisches Vorurteil, das von anderen Vorurteilen, zum Beispiel vom Rassismus, zu trennen ist. Solche Vorurteile werden häufig als Machthunger oder als Vorteilsbeschaffung interpretiert.

Gesellschaftliche Vorurteile oder Stereotypen der Geschlechtsrolle scheinen ubiquitär zu sein. Sie sind in zahllosen Experimenten dokumentiert worden. Die Beobachtung, daß sie zwischen den Kulturen inhaltlich stark variieren, zeigt, daß sie kaum biologisch verankert sind, also keine besondere natürliche Basis besitzen. Vorurteile wirken sich glücklicherweise häufig nur in der Vorstellung und nicht im Verhalten aus. Wenn aber Männer und Frauen dieselben Vorurteile haben und diese so zu einer fast unschlagbaren sozialen Realität machen, wachsen die negativen Konsequenzen für das weibliche Geschlecht ins Enorme. Die Leistungen von Frauen und Männern werden unterschiedlich bewertet, was zu einer beruflichen Absonderung der Frauen mit erheblichen Konsequenzen führt. Wir alle wissen, daß dies zu gefühlsbetonten gesellschaftlichen Bewegungen Anlaß gegeben hat, die unter den Bezeichnungen „Feminismus“ oder „Frauenbewegung“ bekannt geworden sind. Die damit verbundene Politisierung der Frauenanliegen, insbesondere das Hochspielen von Gefühlen, die viel in Anspruch genommene „Bewußtmachung“ von Problemen und die damit verbundene Druckausübung sind für eine sachliche Problemlösung denkbar ungeeignet.

4. Anfängliche Erforschung der Geschlechtsrollenstereotypen

Eine sachliche Problemlösung ist der erzwungenen Lösung stets vorzuziehen. Die Grundlage einer sachlichen Problemlösung ist die Geschlechtsrollenforschung, die ich für den Zweck dieses Beitrags in drei Abschnitte teilen möchte. Im gegenwärtigen Abschnitt sollen Beispiele dafür zitiert werden, wie man anfänglich versucht hat, die Effekte der Geschlechtsrollentypisierung aufzudecken. In den darauffolgenden Abschnitten werden eigene experimentelle Beispiele der selbstbeurteilten Geschlechtsrollen beschrieben, welche die getrennten und gemeinsamen Verhaltenskomponenten von Mann und Frau bzw. Maskulinität und Femininität detailliert darlegen. Im Schlußkapitel werden die wichtigsten Konsequenzen bezüglich des Geschlechts und der Geschlechtsrolle im Hinblick auf ihre Nützlichkeit für gesellschaftliche Veränderung zusammengefaßt.

Zahlreiche Untersuchungen haben gezeigt, daß die Wahrnehmung der Rolle von Männern und Frauen zwei unterschiedliche Merkmalskomplexe betrifft. Männer werden als unabhängig, logisch, objektiv, weltmännisch und als besonders für Mathematik, Wissenschaft und Wirtschaft befähigt angesehen. Von Frauen sagt man, daß sie sich besser in die Gefühle anderer einfühlen, sanft und taktvoll sind. Männer und Frauen stimmen in dieser Beurteilung überein. Andere Untersucher benutzen ähnliche Kategorisierungen, von denen eine in Tabelle 1 aufgeführt ist.

Untersuchungen dieser Art, d. h. der Wahrnehmung der Geschlechter allein durch andere, sind unvollkommen. Viele Beobachter werden zwar darin übereinstimmen, daß die als maskulin aufgeführten Eigenschaften typisch für Männer und die als feminin markierten Eigenschaften typisch für Frauen sind, aber das besagt nicht viel. Es sagt nicht mehr aus als das, was intuitiv verfahrende Denker, ob „Fachleute“ oder nicht, auch schon preisgeben, nämlich persönlich verfärbte Meinungen. Diese müssen durch Itemanalysen und durch Vergleiche mit

Tabelle 1:
Populärpsychologische Bedeutung von Maskulinität und Femininität

Vorwissenschaftliche Begriffsvorstellungen	
MASKULINITÄT	FEMININITÄT
Härte	Weichheit
Mut	Einfühlungsfähigkeit
Furchtlosigkeit	Unterwürfigkeit
Beherrschung	Emotionalität
Rationalität	Passivität
Durchsetzungsfähigkeit	Sanftmut
Aggressivität	Nachgiebigkeit

Selbstbeschreibung, Expertenurteil und objektiven Kriterien verifiziert werden, was durch intuitiv verfahrende „Forscher" meist abgelehnt wird. Die Beobachtungen dieser „Forscher" haben meist nur Diskussionswert (wenn überhaupt).

Im Gesundheitsbereich ist häufig festgestellt worden, daß Frauen intensivere Streßreaktionen zeigen, bis man dies als Artefakt erkannt hat (Brengelmann, 1986). Nur isolierte Frauen, zum Beispiel Frauen am Herdfeuer anstatt am Arbeitsplatz, neigen mehr zu intensiverem Streß. Auf der anderen Seite gibt es anscheinend auch geschlechtsbedingte, d. h. biologisch gebundene Streßreaktionen, wie wir noch sehen werden. Aus solchen Überlegungen heraus erkennen wir die Notwendigkeit, das biologische Geschlecht bei der Untersuchung der Geschlechtsrollen zwecks Vergleich heranzuziehen.

5. *Zentrierung der Geschlechtsrollenforschung auf Verhaltens- und Leistungskompetenz*

Die Diskussion der letzten Jahre hat sich logischerweise auf die Bereiche der persönlichen Verhaltenskompetenz und Leistungskompetenz konzentriert – logischerweise, weil hier die meisten ökonomischen Nachteile für Frauen entstehen. Für praktische Entscheidungen ist das Geld wichtiger als das Ehrgefühl. Dies ist für die Behandlung des Problems wichtig, weil Geld leichter zu beschaffen ist als Ehrgefühl und weil eine soziale Statuserhöhung unweigerlich positive Konsequenzen im Gefühlsbereich nach sich zieht. Es ist wissenschaftlich belegt, daß Frauen im Vergleich zu Männern mit gleicher Qualifikation als weniger tauglich für Führungspositionen gehalten werden. Die meisten Lohn- und Gehaltsunterschiede zwischen den Geschlechtern sind der Geschlechtsdiskriminierung zu danken. Selbst wenn Frauen die gleiche Position wie Männer innehaben, bedeutet das noch nicht, daß sie gleich gut entlohnt werden.

An diesen Punkten muß die Forschung weiter ansetzen. Erstens müssen wir feststellen, welche Lebensbereiche von der Geschlechtsproblematik betroffen sind. Genannt wurden unter anderem gesellschaftliches Ansehen, Gesundheit, Ökonomie, Lebensqualität, Verhaltenskompetenz und Führungsfähigkeit. Die Identifikation des Problemgebiets ergibt aber noch keine Handlungsanweisung. Diese ergibt sich aus der Verhaltensanalyse, die Vorrang *vor* der Untersuchung äußerer Einflüsse haben muß. Dieser Punkt scheint für politische und viele andere Akteure gar nicht zu bestehen, so daß ich ihn an einem Beispiel erläutern möchte. Von politischen Akteuren glaubt man, daß sie immer dann eine Entscheidung erzwingen wollen, wenn sich daraus positive Konsequenzen ergeben (beispielsweise Stimmengewinne) oder negative verhindert werden können (beispielsweise Entrinnen aus einer Drucksituation). Das Ergebnis ist Aktionismus. Es ist Aktionismus, wenn man aus abstrakten ideologischen Gründen – etwa aus einer blinden Gleichheits- oder Gerechtigkeitsphilosophie heraus – plötzlich beschließt, 40 Prozent der Parteiämter und Mandate den Frauen zu geben. Meine Kritik ist, daß Gerechtigkeit keine mathematische Sache ist, denn dann müßten den Frauen 50 Prozent zugebilligt werden. Und sie kann auch nicht mit ihrem zahlenmäßigen Anteil in der Bevölkerung abgegolten werden, denn dann müßten die Frauen mehr als 50 Prozent verlangen.

Wir sollten die Gleichheits- und Gerechtigkeitsideologie als sachlich ungenügend ablehnen und nach einer sinnvollen Sachbegründung suchen, die zugleich eine praktische Handlungsanweisung liefert. Jemand, der die Frau oder den Mann nach externen, nicht aus der Person herauswachsenden Kriterien gleichstellen will, hat das Problem nicht begriffen. Wer aber die nicht geschlechtsspezifische Rolle – verbunden mit den individuell variierenden Verhaltensmöglichkeiten – von Frau und Mann aus der experimentalpsychologischen Forschung kennt, kann auch eine zufriedenstellende Spezifikation von Maßnahmen vorlegen. Diese besteht sicher nicht allein in der Besorgung von Posten, sondern in der Differenzierung von Anforderungen seitens der Positionen und Zupassung der Verhaltenskompetenzen von Mann oder Frau. Die eindrucksvollste Veränderung im Wirtschaftsmanagement der USA in den letzten 10 bis 15 Jahren ist vielleicht die Höhergruppierung von Frauen in die oberen Etagen der korporativen Hierarchie gewesen. Diese ist durch die Erforschung von Geschlechts- bzw. Geschlechtsrollendifferenzen bezüglich Verhaltenstaktiken und -strategien zur Karriereentwicklung begünstigt, wenn nicht ermöglicht worden. Ähnliches vollzieht sich auch im Universitätsbereich, wie eine Untersuchung der California State University zeigt (Lewis und Bierly, 1986).

Mit Ausdehnung der Forschung werden weitere Bereiche geschlechtsrollenspezifischer Verhaltensstrategien erschlossen. Das gilt auch für den Bereich des Risikoverhaltens, der lange eine Domäne des Mannes war, wie die Konsumforschung zeigt. Wenn beim Ankauf Entscheidungsunsicherheit hinsichtlich der angebotenen Alternativen besteht und wenn die Entscheidung von schwerwiegenden Konsequenzen begleitet ist, macht sich die Unterschiedlichkeit im Risikoverhalten besonders stark bemerkbar. Viele Konsumforscher unterscheiden dabei zwei Risikotypen: das soziale Risiko bezüglich des Kaufverhaltens des Konsumenten und das wirtschaftliche Risiko hinsichtlich der Produktqualität (Cox, 1967). Diese beiden Typen erinnern an bekannte Geschlechtsrollendifferenzen.

Wir dürfen aber bei der Identifikation geschlechts- oder geschlechtsrollenspezifischer Strategien nicht stehenbleiben, weil es darüber hinaus auch Assimilationsprozesse gibt, die solche Unterschiede übergreifen (Brown und Levinson, 1979). Die geschlechtsgebundenen Differenzen im Sprachgebrauch sind weithin bekannt; sie verlieren sich jedoch in geschlechtlich gemischten Dyaden, wo Mann und Frau zusammenarbeiten. Hier passen sich die Geschlechter sprachlich dem Stereotyp des Gegengeschlechts an (Street und Giles, 1982). Dies setzt sich in den Effekten von Machteinflüssen fort, welche die Geschlechtseffekte weiter begrenzen. Es wird die Ansicht vertreten, daß das Sprachverhalten im Endeffekt dem Machteinfluß folgt (Berger, 1985; Bourhis, 1984, 1985). Daraus allerdings folgern zu wollen, daß die Geschlechtsrollen zugunsten der Machterhöhung ignoriert werden könnten, ist sicher falsch. Machteinflüsse solcher Art sind von verschiedenen Seiten her begrenzt.

6. Irrelevanz des biologischen Geschlechts

Dieses Thema wird nur deshalb angeschnitten, weil gewisse Voreinstellungen zugunsten biologischer Geschlechtsdifferenzen bestehen, die unausrottbar zu sein scheinen. Mann und Frau sind in bestimmter Hinsicht extrem unterschiedlich, und dies wird auf das Verhalten generalisiert. Eine Literaturübersicht von 1600 Untersuchungen in 50 Bereichen hat versucht, zu bestimmen, welche Geschlechtsdifferenzen tatsächlich existieren (Maccoby und Jacklin, 1974). Die Autorinnen fanden nur in vier Bereichen beständige Differenzen: Die Mädchen zeigen höhere verbale Fähigkeiten, während die Jungen höhere Werte in bezug auf visuell-räumliche und mathematische Fähigkeiten und auf Aggressivität aufweisen. Diese Unterschiede reichen nicht aus, um Geschlechtsdifferenzen in komplexeren Verhaltensbereichen zu begründen, mit denen wir es zu tun haben.

Sehr weit hergeholt erscheint der Versuch, Differenzen von Kompetenzen im Verhaltens- und Leistungsbereich auf dem

Wege tiergeschichtlicher Prägung zu verstehen, wenn schon im Leben des Einzelmenschen die Lernvorgänge eine derart große Rolle spielen, daß sie die entwicklungsbiologischen Vorbedingungen ignorieren.

Auch der Hinweis auf hormonelle Differenzen hilft nicht sehr viel, um die Trennung zwischen weiblichem und männlichem Geschlecht zu untermauern. Diese Unterschiede sind nicht absoluter, sondern proportionaler Art. Männliche und weibliche Hormone sind in beiden Geschlechtern vertreten. Darüber hinaus ist nicht zu erwarten, daß die biologischen Parameter derart entscheidend sind wie die im Verhalten und in der Umwelt liegenden Parameter (Hargreaves und Colley, 1984).

7. Geschlechtsrolle im Hinblick auf Verhaltenskompetenz, Streß und Lebensqualität

In den Abschnitten 7 bis 9 werden einige jüngere Ergebnisse zitiert, die anderswo ausführlicher berichtet wurden (Brengelmann und Henrich, 1988) bzw. erst in jüngster Zeit erhalten wurden und noch nicht publiziert sind. Die hier benutzte Geschlechtsrollenskala (GERO-Skala) geht ursprünglich auf amerikanische Entwicklungen zurück, letztlich aber auf die deutschsprachige Arbeit von McMahon (1987). Sie wird in sukzessiven Experimenten technisch bis zur Akzeptabilität weiterentwickelt.

Eine früher als „Instrumentalität" bezeichnete Subskala betrifft kompetentes, zielorientiertes und aktivitätsfreudiges Verhalten, das traditionell als männlich angesehen wird (Maskulinität).

Die zweite Subskala hieß ursprünglich „Expressivität" und bedeutete Ausdrucksfreude, Sanftheit und betont menschlichen Umgang im als weiblich erachteten Sinne (Femininität).

Diese beiden Skalen können für sich verrechnet werden, entscheidend ist jedoch eine durch den Medianwert der Skalen festgelegte Verteilung in

Androgynie (A)	= M und F über den Medianwerten
Maskulinität (M)	= M über, F unter Medianwert
Femininität (F)	= M unter, F über Medianwert
Undifferenziert (U)	= M und F unter den Medianwerten.

Die GERO-Skala wird korreliert mit Verhaltenskompetenz-Skalen (SCOPE für Streß/Coping) und Skalen der Lebensqualität, die in vielen Untersuchungen benutzt wurden (Brengelmann, 1986). Der SCOPE mißt unter anderem die Kompetenzbereiche Erfolgsstreben, Besonnenheit, Selbstbestimmung, soziale Kompetenz und Ärgerkontrolle sowie die Belastungsbereiche Streßreaktionen und negative Lebensbewertung. Außerdem gibt es noch Skalen, die sich mit Lebensgewandtheit und Initiative befassen. Lebensqualität bedeutet vorzüglich Zufriedenheit mit persönlichen Lebensbedingungen im Beruf, in der Familie und im privaten Leben.

Die Beziehung zwischen Geschlechtsrolle und Verhaltenskompetenz ist in Tabelle 2 dargestellt. Die Ergebnisse sind

Tabelle 2:
Geschlechtsrolle
Unterschiede in der Kompetenz des Verhaltens
(97 Männer, 133 Frauen)

MASKULINITÄT	Geschlechts-„vorteil“	Signifikanz	Geschlechtsrolle	Signifikanz
Soziale Kompetenz und Inkompetenz	w	NS	AMFU	***
Lebensgewandtheit und Initiative	m/w	NS	AMFU	***
Selbstkompetenz (Erfolgsstreben, Besonnenheit, Selbstbestimmung)	m = w	NS	AMFU	***

m = männlich, w = weiblich, NS = nicht signifikant, *** 0,1% Niveau
A = androgyn, M = maskulin, F = feminin, U = undifferenziert

eindeutig und lassen nicht viel Raum für Spekulationen. Alle Formen der sozialen Kompetenz und Selbstkompetenz einschließlich Lebensgewandtheit und Initiative korrelieren sehr signifikant mit der Geschlechtsrolle in der Abfolge A–M–F–U. Dies bestätigt, daß die Kombination maskuliner mit femininen Merkmalen höchste Kompetenz in der Förderung des eigenen Lebenserfolges einschließlich des kompetenten Umgangs mit anderen bzw. der Organisation und Anführung anderer bedeutet. Maskuline Merkmale haben in dieser Hinsicht Vorrang vor den femininen, während die undifferenzierten Geschlechtsrollen das Schlußlicht bilden. Keines der beiden Geschlechter, männliches oder weibliches, besitzt einen signifikanten Vorteil vor dem anderen. Die Unterschiede zwischen Männern und Frauen sind nicht bedeutsam. Andersherum gesehen: Männer und Frauen besitzen beide Geschlechtsrollenmerkmale in einem Maße, daß der Geschlechtsunterschied irrelevant wird. Dieses Ergebnis stimmt mit den in der Literatur berichteten Resultaten überein und beschreibt die androgyne Kompetenz im Verhalten noch genauer.

Tabelle 3:
Geschlechtsrolle
Unterschiede in der Belastung (97 Männer, 133 Frauen)

BELASTUNGS-REAKTIONEN	Geschlechts-„vorteil“	Signifikanz	Geschlechtsrolle	Signifikanz
Streßreaktionen	m=w	NS	FUMA	NS
Ärger/Verschlossenheit	m	**	FUMA	NS
Körperbeschwerden				
– unspezifische	w	***	FUMA	NS
– spezifische	m=w	NS	FAUM	NS
Tablettenkonsum	w	**	FAUM	NS

m=männlich, w=weiblich, NS=nicht signifikant,** 1% Niveau, *** 0,1% Niveau
A=androgyn, M=maskulin, F=feminin, U=undifferenziert

Tabelle 3 befaßt sich mit unterschiedlichen Reaktionen auf Belastung. Es beeindruckt zu sehen, daß keine dieser Reaktionskategorien auf irgendeine Geschlechtsrolle anspricht. Dies ist insofern ungewöhnlich, als die in Tabelle 3 beschriebenen Verhaltenskompetenzen häufig negativ und die Inkompetenzen positiv mit Streß reagieren. Daß sich dieses nicht auf die Geschlechtsrolle überträgt, kann eher als Bestätigung dafür genommen werden, daß solche Rollen gelernt sind. In einigen Belastungsbereichen existieren jedoch deutlich signifikante Geschlechtsdifferenzen. Es sind nicht die zahlreichen körperlichen, psychischen und kognitiven Streßreaktionen, wie sie häufig in Streßfragebögen bestimmt werden, sondern stärker verhaltensorientierte Reaktionen. Ärger und Verschlossenheit sind verstärkt bei Männern zu finden, während der Tablettenkonsum bei Frauen stärker ist. Dies stimmt mit der Literatur überein. Nicht ausreichend bestätigt ist der Befund, daß Frauen wohl stärkere unspezifische (nicht organgebundene) vegetative Beschwerden angeben als Männer, nicht aber spezifische.

Eine einfache Erklärung der Geschlechtseffekte bietet sich derzeit nicht an.

Tabelle 4 ist wiederum leicht zu interpretieren. Weder die Geschlechtsrolle noch das Geschlecht haben – von einer Aus-

Tabelle 4:
Geschlechtsrolle
Unterschiede in der Lebensqualität (97 Männer, 133 Frauen)

LEBENS-QUALITÄT	Ge-schlechts-„vorteil“	Signifi-kanz	Ge-schlechts-rolle	Signifi-kanz
Freiheit im Leben	w	NS	MAUF	NS
Lebensqualität				
– Familie	w	NS	UMFA	NS
– andere Bereiche	w	NS	UFMA	*
– Gesamtwert	w	NS	UFMA	NS

m = männlich, w = weiblich, NS = nicht signifikant, * 5% Niveau
A = androgyn, M = maskulin, F = feminin, U = undifferenziert

nahme abgesehen – etwas mit Lebensqualität zu tun. Unser allgemeiner Eindruck, der auch hier nicht dargestellte Beobachtungen einschließt, bestätigt, daß die Geschlechtsrolle immer dann in Erscheinung tritt, wenn nach Kompetenz oder Leistung im Verhalten gefragt wird, nicht aber nach Qualität oder Zuständen irgendwelcher Art, welche keine Anforderung an die persönliche Initiative stellen. Die Geschlechtsrollenideologie ist soweit vorzüglich oder ausschließlich auf organisatorische oder schöpferische Impulsverwirklichung ausgerichtet und nicht etwa auf die Erreichung eines Qualitätszustandes. Diese Hypothese mag zu diesem Zeitpunkt noch gewagt erscheinen, doch fordert sie geradezu zur Überprüfung heraus. Eine Konsequenz aus der Bestätigung der Ergebnisse dieses Kapitels wäre, etwaige Ungleichheiten nicht dadurch zu beseitigen, daß man den Betroffenen Geschenke in Form von gleichrangigen Positionen macht, sondern dadurch, daß man die Freiheit dazu gibt und die Möglichkeiten spezifiziert, wie man sie mit den Mitteln des eigenen Verhaltens effektiv erwirbt. Freiheit allein ändert nichts – die Freiheit, Initiative ausüben zu können, ändert alles, was das Verhalten möglich machen kann.

8. Geschlechtsrolle im Hinblick auf Risiko/Lustverhalten

Dieser Verhaltensbereich ist kaum systematisch angegangen worden, doch möchte ich dies in Verbindung mit einer parallel laufenden Veröffentlichung über Risiko/Luststrukturen vorschlagen (Brengelmann und Henrich, 1988).

Diese Arbeit unterscheidet sieben Risiko/Lustfaktoren auf einem höheren (sekundären) Niveau, die mit unserer GERO-Skala korreliert wurden.

Tabelle 5 zeigt, daß sie sich je zur Hälfte auf die Seite der Maskulinität und der Femininität schlagen. Geschlechtsunterschiede sind bisher nicht untersucht worden. Nach diesen Daten sind Konsumlust und Risikolust etwas Maskulines, Geschicklichkeitsspiele androgyn, Geldspiele irrelevant und die restlichen

Tabelle 5:
Beziehungen von Maskulinität/Femininität zum Risiko/Lustverhalten (N=248)

RISIKO/ LUSTVERHALTEN	Korrelation mit MASKULINITÄT	FEMININITÄT
Konsumlust	***	NS
Risikolust	**	NS
Geschicklichkeitsspiele	*	*
Geldspiele	NS	NS
Kultur	NS	*
Maßhaltung	NS	*
Sparsamkeit	NS	*

NS=nicht signifikant, * 5%, ** 1%, *** 0,1%

drei Faktoren Kultur, Maßhaltung und Sparsamkeit vorzüglich etwas Feminines. Mit etwas Überlegung kann man diese Ergebnisse prima facie akzeptieren, doch wollen wir sie vor einer unabhängigen Bestätigung nicht weiter diskutieren.

9. Geschlechtsrolle und Führungsverhalten

Die in diesem Abschnitt mitgeteilten Ergebnisse sind für unsere Betrachtungen ebenso neu wie kritisch. Führungsverhalten reflektiert stärker als die bereits beschriebenen Verhaltenskompetenzen den persönlichen Antrieb in der Realisierung von Verhaltenszielen. Hier geht es weniger um einen zu erzielenden oder erzielten Zustand als um Strategien oder Taktiken erfolgreicher Durchsetzung bei der Realisierung der Ziele. Unsere bisherige Diktion postuliert oder impliziert, daß es maskuline, feminine und androgyne Führungsstrategien gibt. Um sie zu entdecken, d. h. meßbar zu machen, werden Formulierungen gebraucht, die allen drei Typen entgegenkommen. In der Realität wurden einige hundert gut gewählter Formulierungen gebraucht, um die Verifizierung der dreifachen Führungstypo-

Tabelle 6:
Maskulinitätsvorteil in der sachorientierten Führung (N=248)

SACHORIENTIERTE FÜHRUNG	Korrelation mit MASKU-LINITÄT	FEMINI-NITÄT
1. Probleme souverän meistern	60***	23***
2. Gerne Teamleader sein	57***	25***
3. Mit Redegewandtheit Ziele erreichen	50***	28***
4. Gruppenleitungen übernehmen	43***	12 NS
5. Klare Berichte erstatten	40***	13 NS
6. Seine Zeit ökonomisch nutzen	36***	19*
7. Unpopuläre Dinge vertreten	30***	12 NS
8. Standpunkt gegen Kritik halten	29***	07 NS
9. Einfluß gezielt ausbauen	29***	13 NS
10. Andere geschickt beeinflussen	28***	06 NS

NS = nicht signifikant, * 5%, ** 1%, *** 0,1%

logie möglich zu machen. Die Details sind aufwendig, aber die für den vorliegenden Beitrag ausgewählten Ergebnisse sind leicht darstellbar, wie die drei letzten Tabellen demonstrieren. In ihnen wird die maskuline, feminine und androgyne Führung für jede Person meßbar expliziert.

Alle insgesamt 30 aufgeführten Führungsqualitäten repräsentieren Faktoren mit akzeptabler Zuverlässigkeit und nicht etwa lediglich Einzelitems. Dies macht die Skalen praktisch verwendbar. Tabelle 6 enthält jene zehn Faktoren, welche die maskuline Führung im Vergleich zur femininen kennzeichnen. Es ist überflüssig, auf die wahrscheinlichkeitsstatistischen Angaben im einzelnen einzugehen; sie erklären sich von selbst. Das, was hier als „sachorientierte Führung" überschrieben wird, setzt sich zusammen aus der Fähigkeit, persönliche Probleme zu meistern, qualifizierte Sachleistung zu erbringen, andere geschickt anzuführen und zu beeinflussen sowie sich gegen Widerstand durchzusetzen.

Tabelle 7 enthält das, was man als den „Femininitätsvorteil durch menschorientierte Führung" bezeichnen kann. In bezug auf „Taktvoll vorgehen" und „Kritik vermeiden" finden wir

Tabelle 7:
Femininitätsvorteil in der menschorientierten Führung (N=248)

MENSCHORIENTIERTE FÜHRUNG	Korrelation mit MASKULINITÄT	Korrelation mit FEMININITÄT
1. Taktvoll vorgehen	−37***	−04 NS
2. Taktisch zustimmen	−02 NS	31***
3. Kritik vermeiden	−27***	05 NS
4. Sich um andere sorgen	−05 NS	21**
5. Sich offenlegen	01 NS	23***
6. Vertrauen schenken	09 NS	29***
7. Freundschaftlich umgehen	07 NS	27***
8. Andere für sich gewinnen	05 NS	23***
9. Aufmerksamkeit schenken	14*	31***
10. Gegenseitige Kritik tolerieren	10 NS	23***

NS = nicht signifikant, * 5%, ** 1%, *** 0,1%

zwar keine signifikante Korrelation mit Femininität, jedoch eine negative mit Maskulinität. In allen anderen Fällen spielt die Maskulinität keine Rolle, die niedrig signifikante Korrelation für Item 9 ausgenommen. Hier offenbart sich der Führungsstil der Frauen, der sich vor allem durch den positiven sozialen Bezug (Verstärkung) und Kritikvermeidung (Löschung) auszeichnet.

Schließlich bleibt uns noch, die zehn allgemeinen, d. h. androgynen Führungsstärken zu beschreiben. Tabelle 8 zeigt zehn diesbezügliche, noch nicht zitierte Faktoren, die sowohl mit Maskulinität als auch mit Femininität positiv korrelieren, und zwar in einem ausgeglichenen Maße. Diese Faktoren sind so ausgewählt, daß einmal die Maskulinität (Faktoren 1–5) und das andere Mal die Femininität (Faktoren 6–10) leicht, d. h. nicht bedeutsam überwiegt. Trotzdem kommen die Besonderheiten von Maskulinität und Femininität noch zum Vorschein. Die ersten fünf Faktoren vertreten so etwas wie Cleverneß in der sozialen und sachlichen Durchsetzung, während die letzten fünf Faktoren ihre Überlegenheit in der geschickten persönlichen

Tabelle 8:
Androgyne Führungsstärken: gleich hohe Korrelation von Führungsfaktoren mit Maskulinität und Femininität (N=248)

ALLGEMEINE FÜHRUNGSFAKTOREN	Korrelation mit MASKU-LINITÄT	FEMININITÄT
1. Publikum gewinnen	51***	43***
2. Gute Mitarbeiter finden	49***	43***
3. Theorie und Praxis überblicken	41***	37***
4. Sich sozial rasch orientieren	43***	38***
5. Chancen clever nutzen	37***	26***
6. In Mitarbeiter einfühlen	32***	38***
7. Sein Äußeres anpassen	29***	32***
8. Aufgaben sorgfältig betreuen	28***	30***
9. Kooperativ mitreden	24***	31***
10. Andere positiv verstärken	19**	21**

NS=nicht signifikant, * 5%, ** 1%, *** 0,1%

Anpassung und Kooperation demonstrieren. Der Androgyne hat aber teil an beiden Führungsstärken, und das macht ihn zum überlegenen Generalisten, während die Maskulinen und Femininen sich sozusagen für speziellere Führungssituationen profilieren.

Die Erklärung für diese Zusammenhänge ist verhaltenstheoretisch einfach, vor allem, wenn man die Erfolg/Streß-Theorie von Brengelmann (1986) mit den bekannten vier Verhaltenstherapieprinzipien (positive und negative Verstärkung, Löschung, Strafe) und dem dazugehörigen Prinzip der Zielplanung verbindet. Die zwei hierhergehörenden Erfolgsprinzipien sind persönliche Verwirklichung positiver Ziele und der Einsatz sozialer Kompetenz zur Selbst- oder zur Gruppenverwirklichung. Maskulinität bedeutet primär Selbstverwirklichung unter Zuhilfenahme verschiedener Selbst- und sozialer Kompetenzen, kontrolliert durch überlegene Zielplanung und gefördert durch Streßfreiheit. Femininität bedeutet primär Selbstverwirklichung durch sozial gewinnende Einflußmethoden, wobei die Lernprinzipien der sozialen Verstärkung und Löschung (Ignorieren negativer Einflüsse) im Vordergrund stehen. Androgynie kombiniert die Vorteile von Maskulinität und Femininität. Zielplanung und Kontrolle der Zielerreichung stellen den „sachlichen" Aspekt in der allgemeinen Verhaltensführung dar. Selbstverstärkung und soziale positive Verstärkung sind der Antrieb für die Zielerreichung, negative Verstärkung (initiale Härte, gefolgt von positiver Verstärkung) ist dem Charakter nach eher maskulin, Löschung eher feminin und Strafe (negativer Einfluß ohne nachfolgende positive Verstärkung) ist für die Führung nicht relevant. Sie ist nicht produktiv.

10. Zusammenfassung

Es gibt effektives Verhalten (Selbst- und soziale Kompetenz, Cleverneß) und ineffektives Verhalten (Inkompetenz, Streß, Dummheit), das zur Selbstverwirklichung führt bzw. sie verhindert. Gegenstand der *Geschlechtsrolle* ist fast ausschließlich das effektive Verhalten, nicht aber das ineffektive. Gegenstand des *biologischen Geschlechts* ist nicht das effektive, sondern das ineffektive Verhalten, wenn es überhaupt eine Rolle spielt. Auf das biologische Geschlecht abzielende Förderungsmaßnahmen, zum Beispiel eine generelle Verbesserung der „Lage der Frau", sind weniger oder gar nicht durch Verbesserung des effektiven, sondern eher durch Verminderung des ineffektiven Verhaltens erzielbar, zum Beispiel durch Beseitigung von Stressoren oder von Streßreaktionen. Effektive Selbstverwirklichung ist im wesentlichen leistungsbezogen, nicht im materiellen, sondern im Verhaltenssinn. Einkommen, Besitz oder Status gehören nicht zu den zentralen Zielen der Selbstverwirklichung, sondern sind eher Konsequenzen davon.

Selbstverwirklichung ist das Tun (Initiative, Fällen von Entscheidungen, Tragen von Verantwortung, Kooperieren). Das Geschlecht, das keine grundsätzliche Rolle spielt, wird als Förderungsziel abgesetzt und durch die Förderung des Verhaltens ersetzt. Es gibt eine eher sach- bzw. leistungsorientierte (maskuline) und eine eher menschorientierte (feminine) Rolle sowie eine Kombination von beiden (Androgynie). „Rolle“ ist die Kombination meßbarer Verhaltensstrategien oder -taktiken, die bei Frauen *und* Männern vorkommen, wenn auch mit gewissen Akzentunterschieden. Gefördert werden können nur konkrete Verhaltensweisen, nicht Rollen als solche. Wir fördern nicht das Geschlecht, sondern die Person. Eine Förderung der Rolle durch sozioökonomische Maßnahmen wird so lange ineffektiv bleiben, wie das Verhalten nicht gefördert (trainiert) wird. Diese Trainierbarkeit oder Lernbarkeit von Geschlechtsrollen wird von der Gesellschaft ignoriert: von Philosophen, Pädagogen, Politikern, Parteien, Kirchen, selbst von vielen Wissenschaftlern. Wir besitzen aus der eigenen Erfahrung beschränkte Kenntnisse hinsichtlich dieser Trainierbarkeit. Die Erwartung für die Zukunft ist, daß manche Verhaltenskompetenzen durchaus effektiv verbessert werden können und andere – ähnlich wie bei der Intelligenz – kaum oder weniger.

Nicht vergessen werden sollte, daß diese Überlegungen nicht für die „Lebensqualität“ gelten. Weder das Geschlecht noch die Geschlechtsrolle ist nach bisherigen Kenntnissen davon betroffen. Auf den kürzesten Nenner gebracht: Verhaltenseffektivität besteht aus einem Satz erkennbarer Verhaltensweisen und mündet in Selbstverwirklichung, wobei weder das Geschlecht noch die Umstände (Lebensqualität) eine Rolle spielen.

Literatur

Bem, S. L., The measurement of psychological androgyny, in: Journal of Consulting and Clinical Psychology 42 (1974) 155–162

Bem, S. L., On the utility of alternative procedures for assessing psychological androgyny, in: Journal of Consulting and Clinical Psychology 45 (1978) 196–205

Berger, C. R., Social power and interpersonal communication, in: Knapp, M. L./Miller, G. R. (Hrsg.), Handbook of interpersonal communication, Newbury Park/Calif. 1985

Bourhis, R. Y., Cross-cultural communication in Montreal: Two field studies since Bill 101, in: International Journal of the Sociology of Language 46 (1984) 33–47

Bourhis, R. Y., The sequential nature of language choice in cross-cultural communication, in: Street, R. L./Cappella, J. N. (Hrsg.), Sequence and pattern in communicative behavior, London 1985, 120–141

Brengelmann, J. C., Persönliche Effektivität, Streß und Lebensqualität (Strukturen der positiven Lebensgestaltung), in: Resch, A. (Hrsg.), Psyche und Geist. Fühlen, Denken und Weisheit, Innsbruck 1986, 395–423

Brengelmann, J. C., Risiko/Lustaktivitäten, Peutinger-Institut für angewandte Wissenschaften: Schriftenreihe „Konzepte für Heute und Morgen", München 1988

Brengelmann, J. C./Henrich, G., in: Brengelmann, J. C. (Hrsg.), Vorträge zur Analyse und Modifikation des Verhaltens, Frankfurt 1988 (im Druck)

Brown, P./Levinson, S., Social structure, groups and interaction, in: Scherer, K. R./Giles, H. (Hrsg.), Social markers in speech, Cambridge 1979, 291–342

Cox, D., Risk taking and information handling in consumer behavior, Boston/Mass. 1967

Hargreaves, D. J./Colley, A. M. (Hrsg.), The psychology of sex roles, London 1984

Lewis, K. E./Bierly, M. M., Sex differences in career progression strategies preferred by university faculty, in: Group and Organization Studies 11 (1986) 49–60

Maccoby, E./Jacklin, C., The psychology of sex differences, Stanford/Calif. 1974

McMahon, C. M., Auswirkungen von Geschlecht, Maskulinität, Femininität und deren Interaktion auf Bewältigungs- und Streßreaktionen, Dissertation München 1987

Parsons, T., The social system, New York 1951

Parsons, T., An outline of the social system, in: Parsons, T./Shils, E./Naegele, K./Pitts, J. (Hrsg.), Theories of society, New York 1961

Popper, K. R., Auf der Suche nach einer besseren Welt. Vorträge und Aufsätze aus dreißig Jahren, München 1984

Street, R. L. jr./Giles, H., Speech accommodation theory: A social cognitive approach to language and speech behavior, in: Roloff, M./Berger, C. R. (Hrsg.), Social cognition and communication, Newbury Park/Calif. 1982, 193–226.

Uta Loeber-Pautsch

Auf dem Wege zu sozialer Gleichheit

Soziologische Aspekte zur Veränderung der Frauenrolle

1902 hat unter dem Eindruck der vehementen Veränderungen der damaligen sozialen Zusammenhänge und Strukturen, insbesondere unter dem Eindruck von wachsender Frauenerwerbsarbeit und Frauenbewegung, der Sozialphilosoph und Soziologe Georg Simmel[1] versucht, das Verhältnis der Geschlechter zueinander und im Hinblick auf ihre gesellschaftliche und kulturelle Funktion zu bestimmen.

Dem „geborenen Grenzendurchbrecher", dem Mann, der seine Entsprechung in der durch das Sachelement geprägten Sphäre von Leistung in Arbeit und Beruf findet, stellt er die Frau gegenüber als ein von „strengen Grenzen umzirktes Wesen", das im Haus mit seiner „ruhigen Geschlossenheit" seinen Ausdruck findet.[2]

Der spezifische Charakter der Sphäre des Hauses aber bestehe in seiner Vergänglichkeit, in seiner Nichtobjektivität. Von daher bestimmen sich auch die weiblichen Tätigkeitsinhalte, „die ein Verfließendes und dem einzelnen Hingegebenes sind, ein mit der Forderung des Augenblicks Werdendes und Vergehendes", nicht ein Bauen an einer in irgendeinem Sinne bleibenden, überpersonalen Kulturwelt, sondern ein „Dienen an den Tagen, an den Personen, die diesen Bau sich erheben lassen"[3]. Damit wird klar formuliert, was Simmel unter dem Wesen der Frau versteht. Sie kann nur tätig werden – will sie nicht ihre „Einheitlichkeit" aufgeben –, indem ihr Tun auf „kein Resultat gerichtet" ist, sie sich an keinen „Sachen" und „Ideen" versucht, die ein Überschreiten ihrer Grenzen erfordern, sondern sich dem „fließenden

[1] *G. Simmel*, Philosophische Kultur, Potsdam 1923.
[2] Ebd. 303.
[3] Ebd.

Leben", den Menschen ihres Umkreises widmet.[4] Denn das Wesen von Mann und Frau sei grundlegend verschieden: Er repräsentiere das sachliche, sie das personale Element. Wiewohl nicht von vornherein gegeben, sondern historisch entstanden, sei das in einem höheren Sinne notwendig, zur Erhaltung der auf hochgradige Arbeitsteilung aufgebauten Zivilisation. Deren funktionale Notwendigkeiten erforderten so die zur „zweiten Natur" gewordene Polarität der Geschlechter in wechselseitiger Ergänzung.

Simmel nimmt hier ein Motiv der Diskussion zur Rolle der Geschlechter des 19. Jahrhunderts auf, in der als zentrale Momente die Aktivität und Rationalität des Mannes der Passivität und Emotionalität der Frau gegenübergestellt werden, wobei sich das Begriffspaar „Aktivität – Passivität" vom Geschlechtsakt, „Rationalität und Emotionalität" vom sozialen Betätigungsfeld, Beruf/Familie herleitet.

Eine kontrastierende Polarisierung von Mann und Frau – so Karin Hausen[5] – diente auch in früheren Zeiten der männlichen Selbstdefinition. Sie erreicht im späten 18. und im 19. Jahrhundert jedoch eine neue Qualität. Bezogen sich früher die Aussagen über Mann und Frau – etwa in der Hausväterliteratur – vor allem auf eine ständische, der sozialen Position entsprechenden Bestimmung der Tugenden, Rechte und Pflichten bei ihren Tätigkeiten, so treten nun im Kontext der Entstehung der bürgerlichen Gesellschaft Charakterdefinitionen für das ganze Geschlecht an diese Stelle. Für Frauen bedeutet das, daß aus dem Hausstand abgeleitete Pflichten jetzt zu allgemeinen Eigenschaften der Person werden. „Der Geschlechtscharakter wird als eine Kombination von Biologie, Psychologie und Bestimmung aus der Natur abgeleitet und zugleich als Wesensmerkmal in das Innere der Menschen verlegt".[6]

[4] Ebd.

[5] *K. Hausen*, Die Polarisierung der „Geschlechtscharaktere". Eine Spiegelung der Dissoziation von Erwerbs- und Familienleben, in: W. Conze (Hrsg.), Sozialgeschichte der Familie in der Neuzeit Europas. Stuttgart 1976.

[6] Ebd. 369.

Der Begründungszusammenhang kehrt sich um: Weil Frauen über ein bestimmtes Wesen verfügen, sind sie auch für bestimmte Tätigkeitsbereiche geeignet. Das hat weitreichende Konsequenzen.

Konfrontiert mit den Forderungen der ersten Frauenbewegung nach gleichen Rechten in Bildung, Beruf und Politik, versucht Simmel der in der Realität sich vollziehenden Integration der Frau in den Beruf Rechnung zu tragen, aber an Natur- und Wesenskategorien festzuhalten.

Die Berufsmöglichkeiten, die Frauen des Bürgertums wahrnehmen können, ohne ihr Wesen zu verleugnen, sieht Simmel als spezifische Leistungen, die gleichsam in den Lücken, die der Mann läßt, erwachsen. Nicht zu analytischem Denken und Forschen sei sie fähig, sondern Erkenntnis gewinne sie durch „Nachfühlen", durch „innere Nachbildung, durch unmittelbares, instinktives subjektives Wissen"[7]. So sind Berufe wie die Ärztin, alle pflegerischen Berufe, Lehrerin, Tänzerin, Romanschriftstellerin für Simmel denkbar. Für die Arbeiterin sei etwa die Arbeit der Stickerin, als das Nachvollziehen von bereits Geschaffenem, adäquater Ausdruck weiblicher Fähigkeiten. Sie versage da, wo Urproduktion,[8] wo Genialität und Kreativität verlangt werde.

Es ist nicht ohne Ironie, daß diese Definition einer quasi im Wesen der Geschlechter verankerten natürlichen Ungleichheit, die nahezu 200 Jahre den Emanzipationsbestrebungen der Frauen entgegengehalten werden konnte, selbst Produkt der bürgerlichen politischen Emanzipation und der Aufklärung ist. Denn die bürgerliche Gesellschaft postuliert zum einen die Gleichheit der Individuen mit gleichen sozialen Rechten. Die Anwendung auch auf die Frauen würde jedoch den Herrschaftsanspruch der Männer und ihre Privilegien in Frage stellen, würde die Grenzen des Zulässigen überschreiten. So muß über die Unterschiede der Geschlechter als Wesens- und Naturunter-

[7] *G. Simmel*, a. a. O. 284.
[8] Ebd. 282.

schiede das Gleichheitspostulat unterlaufen und der soziale Vorrang des Mannes gesichert werden. Frauen werden dadurch aus Beruf, Öffentlichkeit und Politik fernzuhalten gesucht, ohne daß die eigenen Prinzipien der bürgerlichen Gesellschaft verletzt würden.

Die Charakterbestimmung von Mann und Frau dient aber nicht nur zur ideologischen Absicherung von patriarchalischer Herrschaft. Immer deutlicher wird expliziert, „daß die Ergänzung des vom Mann bestimmten öffentlichen Erwerbs- und Staatslebens durch das von der Frau gestaltete Ehe- und Familienleben unabdingbar ist, um den humanen Bedürfnissen Rechnung zu tragen“[9]. In dieser gedachten idealen Ergänzung der kontrastierenden Geschlechtscharaktere spiegelt sich die historische Trennung von Arbeitssphäre und Familie, die Trennung von Öffentlichkeit und Privatheit, „eine Spaltung von feindlicher Welt und freundlichem Heim“[10]. Sie bilden den objektiven Hintergrund und gleichzeitig die Legitimierung der Arbeitsteilung zwischen Mann und Frau.

Dieses Bild von der Frau, die sich ganz auf den Innenraum der Familie beschränkt, die aufgeht in der Sorge um die anderen, für die die Familie das Zentrum ihres Lebens und die das Zentrum der Familie bildet, ist jedoch in der Geschichte der bürgerlichen Gesellschaft nie für alle Frauen Realität gewesen, vielleicht sogar nur für eine kleine Minderheit. Heute stimmt es noch viel weniger. Zwar sind auch heute noch Frauen primär für die Erziehung der Kinder und den Haushalt verantwortlich. Aber gleichzeitig geben sich immer weniger Frauen mit diesem Tätigkeitsbereich zufrieden, sie entwickeln Erwartungen, Wünsche und Forderungen, die über die Familie hinausweisen. Solche Erwartungen zeigen sich bei Frauen quer durch alle sozialen Schichten und quer zum Bildungsstand.

Was hat sich objektiv in der Gesellschaft verändert, daß die Frauen dieses neue Selbstverständnis entwickeln, daß sie Forde-

[9] *K. Hausen*, a. a. O. 378.
[10] Ebd. 379.

rungen anmelden, Rechte und Ansprüche einklagen? Diese Veränderungen sollen im Folgenden an drei Bereichen aufgezeigt werden: dem Bildungsbereich, der beruflichen Ausbildung und dem Verhältnis von Beruf und Familie.

1. Veränderungen im Bildungsbereich

„Als eine Frau lesen lernte, trat die Frauenfrage in die Welt." Dieser Ausspruch von Marie von Ebner-Eschenbach verdeutlicht den zentralen Stellenwert, den bereits die frühe Frauenbewegung der Bildung beigemessen hat, vor allem im Kampf um politische und soziale Rechte.

Der Zugang zu Bildungsinstitutionen ist Frauen noch lange erschwert worden.[11] Zunächst wurde versucht, Bildung für Mädchen und Frauen auf „Mädchenbildung" und „Frauenbildung" zu reduzieren, die ihr Ziel darin sahen, ihnen die Aneignung der „standesgemäß" erwarteten Fertigkeiten zu ermöglichen, sie für die Rolle als Hausfrau, Ehefrau und Mutter zu qualifizieren. Erst Ende des vorigen Jahrhunderts gelang es den Frauen, diese Bildungsghettos zu verlassen. 1889 gab es in Deutschland die ersten Kurse, die Frauen zum Abitur führen sollten; 1896 bestanden Frauen zum ersten Mal das Abitur; 1900 wurde in Baden den Frauen die volle Immatrikulation gewährt, in den darauffolgenden Jahren wurden Frauen auch in den anderen Ländern des Reiches zum Studium zugelassen. Erst unter dem Nationalsozialismus wurden die Studienmöglichkeiten für Frauen wieder erschwert. Während aber die formalen Beschränkungen im Zugang zu Bildungseinrichtungen für Frauen sukzessive aufgehoben wurden, wiesen Untersuchungen[12] auf die informellen Barrieren in Form von geschlechtsspe-

[11] Nach *E. Beck-Gernsheim*, Vom „Dasein für andere" zum Anspruch auf ein Stück „eigenes Leben". Individualisierungsprozesse im weiblichen Lebenszusammenhang, in: Soziale Welt (1983) 3, 311 ff.

[12] *H. Anger*, Probleme der Universität, Tübingen 1963.

zifischen Vorurteilen und Stereotypen hin, auf die Frauen auch heute noch immer wieder stoßen.[13]

Erst mit der Bildungsexpansion in den sechziger und siebziger Jahren haben die Frauen aufgeholt. Mit 53,5% haben Mädchen 1982 die Jungen beim Abschluß in den mittleren Bildungsgängen überholt. In den Gymnasien stieg ihr Anteil von 1960 bis 1982 von 36,5% auf 50%,[14] und bei den Studienanfängern lag ihr Anteil 1960 bei 23,9% und stieg 1983 auf 40,4%[15]. Zwar finden sich auch heute noch Frauen vorwiegend in den Sprach- und Kulturwissenschaften (insbesondere in Lehramtsstudiengängen), aber sie wählen auch zunehmend Studienrichtungen, die früher eher Männern vorbehalten waren, wie Rechts-, Wirtschafts- und Naturwissenschaften.[16] Von einem Defizit der Frauen in der allgemeinen Bildung kann heute nicht mehr die Rede sein. Als Begründung für ihre unterprivilegierte Stellung in der Gesellschaft kann mangelnde Bildung ernsthaft nicht mehr herangezogen werden.

Die Bedeutung von Bildung für Frauen liegt auf verschiedenen Ebenen. Zunächst einmal bedeutet die Verlängerung der Schulzeit einen Schonraum, Schutz vor frühzeitigem und psychischem Verschleiß. Sie bedeutet ebenso die Möglichkeit zur Entwicklung der Persönlichkeit von Frauen, die sich nur in größeren sozialen Bezügen außerhalb der Herkunftsfamilie und der eigenen Familie entwickeln kann.

Der Zugang zu und die Verlängerung von Bildung bedeutet aber zentral die Erweiterung der Inhalte; schulische Bildung bricht zunächst den Radius der Erziehung der Frau in und für die Familie auf. Durch „Bildung werden traditionale Orientierungen, Denkweisen und Lebensstile durch universalistische Lehr- und Lernbedingungen, Wissensinhalte und Sprachformen rela-

[13] *U. Bock/A. Braszeit/Chr. Schmerl* (Hrsg.), Frauen an der Universität: Zur Situation von Studentinnen in der männlichen Wissenschaftshierarchie, Frankfurt 1983; *I. Brehmer* (Hrsg.), Sexismus in der Schule, Weinheim 1982.

[14] Grund- und Strukturdaten 1983/84, 32.

[15] Ebd. 112.

[16] Ebd. 122.

tiviert und verdrängt"[17]. Bildung führt in andere Erfahrungsbereiche, sie erschließt Kenntnisse und Interessen, die über die Familie hinausgehen. Weiterführende Bildung – so Elisabeth Beck-Gernsheim – erfordert darüber hinaus ein aktives Lernen, d. h. die Einübung in Sprach- und Denkformen, die Abstraktionen und Reflexion zulassen und Selbständigkeit herausfordern. Verbesserte Bildungschancen bedeuten daher auch Zuwachs an Wissen und damit auch an Macht. „Wer über Informationen und flexible Sprachfähigkeiten verfügt, kann sich wehren gegen Regelverletzungen anderer und auch aktiv die eigenen Interessen durchsetzen."[18] Bildung hat – und das gilt heute besonders für Frauen – zwei Funktionen: die der Anpassung im Hinblick auf die von der Gesellschaft geforderten Qualifikationen für technisch-instrumentelles und soziales Handeln; sie hat aber auch eine emanzipative Funktion, indem sie Frauen dazu verhilft, eigene Interessen zu erkennen, zu formulieren und im politischen und privaten Raum durchzusetzen.

2. Veränderungen in der beruflichen Ausbildung

„Mädchen heiraten ja doch, da lohnt sich eine Berufsausbildung nicht." Diesen Satz wird man heute sicherlich seltener hören als früher. Auch für junge Frauen ist es zur gesellschaftlichen Realität geworden, einen Beruf zu lernen. Eine Lehre zu absolvieren oder einen beruflichen Abschluß über Berufsfachschulen zu erlangen, gilt heute als Selbstverständlichkeit.[19] Nur ca. 8% aller Schulabgängerinnen aus Haupt-, Real- und Sonderschulen nehmen gleich eine Erwerbstätigkeit auf, bei den Jungen sind es ca. 4%.[20]

Gilt für das allgemeinbildende Schulwesen, daß formal das

[17] *U. Beck*, Risikogesellschaft. Auf dem Weg in eine andere Moderne, Frankfurt 1986, 128.

[18] *E. Beck-Gernsheim*, a. a. O. 314.

[19] *Institut für Arbeitsmarkt- und Berufsforschung der Bundesanstalt für Arbeit/Nürnberg*, Frauen und Arbeitsmarkt, in: QuintAB (1984) 4, 17.

[20] Ebd. 17.

Angebot für Mädchen und Jungen gleich ist, zeigt sich, daß beim Eintritt in die berufliche Bildung, also beim Übergang vom Bildungs- zum Beschäftigungssystem, deutliche Benachteiligungen der Frauen bestehen. Gute Zeugnisse als Zugangsberechtigungen für die berufliche Ausbildung garantieren keine gleichen Chancen, hier greifen wieder andere Auslesemechanismen. „Im Bildungsbereich stehen den Mädchen die Türen offen, auf dem Beschäftigungs- und Arbeitsmarkt werden sie wieder zugeschlagen."[21] Die Berufswahl von Frauen wird primär durch objektive gesellschaftliche Mechanismen gesteuert. Das zeigt sich daran, daß das Ausbildungsplatzangebot jungen Frauen nicht in gleicher Weise wie Männern zur Verfügung steht. Es ist quantitativ wie qualitativ eingeengt. Jungen Frauen werden insgesamt weniger Ausbildungsplätze und dann auch noch aus einem engeren Berufsspektrum angeboten als jungen Männern. Dieses ungleiche Verhältnis spiegelt sich später auch auf dem Arbeitsmarkt. 1983 waren 29% aller offenen Stellen für Frauen ausgeschrieben, dagegen 52% der offenen Stellen nur für Männer, und 19% der Stellen[22] wurden beiden angeboten; nur hier kann von einer Konkurrenz zwischen Männern und Frauen überhaupt gesprochen werden. Frauen werden in Dienstleistungsberufe als Verkäuferinnen, Friseusen, Bürokräfte etc., in pflegerische und soziale Berufe als Arzthelferinnen, Apothekenhelferinnen, Krankenschwestern etc.[23] sowie in mäßig qualifizierte Stellen auf der Ebene von Assistentinnen und Sachbearbeiterinnen gedrängt.

Viele Tätigkeits- und Ausbildungsfelder sind Frauen versperrt und werden erst allmählich durch staatliche Fördermaßnahmen (z. B. Ausbildung von Frauen in gewerblich-technischen Berufen) überhaupt für sie geöffnet.[24] Zudem sind die Chancen von jungen Frauen, einen zukunftsträchtigen Ausbil-

[21] *G. Seidenspinner/A. Burger*, Mädchen 82, Hamburg 1982, 11.

[22] Amtliche Nachrichten der Bundesanstalt für Arbeit (1984) 3.

[23] QuintAB (1984) 4, 14.

[24] Der Anteil der Frauen in sogenannten „Männerberufen" stieg durch diese Maßnahmen von 1977 von 2,5% auf 6,4% 1981 (QuintAB [1984] 4, 20).

dungsplatz zu erhalten, eher gesunken. Nicht nur, daß der öffentliche Dienst, in dem Frauen Beschäftigung finden, nicht mehr expandiert, sondern auch der sich verstärkende Verdrängungswettbewerb zwischen Männern und Frauen bei Stellen, die für beide offenstehen, benachteiligt Frauen stärker als Männer. Sie werden abgedrängt in Randbereiche der Wirtschaft, in rationalisierungsgefährdete Arbeitsplätze und in Teilzeitarbeit.

Zudem beeinflußt ein weiteres Moment die Berufswahl von Frauen: die Ungewißheit über Ziele und Verlauf der eigenen Berufstätigkeit. Denn die strukturelle Möglichkeit – anders als beim Mann –, über die eigene Familie eine gesicherte materielle Existenz zu erhalten, verleiht der Berufswahl eine größere „Unbestimmtheit".[25] Die Antizipation von Ehe und Familie für den eigenen Lebenslauf schränkt die beruflichen Entscheidungen und Pläne immer schon ein (Ausbildungsgänge, -zeiten, Bildungskosten und Realisierungsmöglichkeiten). Berufliche Wünsche und Pläne werden daher auch in ihren Folgen für Partnerschaft, Freundschaft und Ehe abgewogen.

Aus der doppelten objektiven Begrenzung bei der Berufsausbildung resultiert die subjektive Wahl typisch „weiblicher Berufe", in denen traditionelle Lebensplanung und Berufstätigkeit vereinbar erscheinen, die dann aber auch zu denjenigen Berufen führen, in denen Frauen am häufigsten anzutreffen sind: in den unteren Qualifikations- und Gehaltsstufen des jeweiligen Berufsfeldes (bei den Arbeiterinnen sind 94% als Un- und Angelernte, bei den weiblichen Angestellten sind 72% in untergeordneten Positionen tätig) oder in „Sackgassenberufen", die nur für mittlere Positionen qualifizieren, in sozialen und pflegerischen Berufen.

Dennoch, so scheint es, ist die Tendenz zu einer guten schulischen und beruflichen Ausbildung von Frauen langfristig nicht zurückzuschrauben. Sie stellt eine zentrale Möglichkeit dar für die Persönlichkeitsentwicklung von Frauen, die sich nur im größeren sozialen Umfeld entwickeln kann. Sie ist ein Ansatz-

[25] *E. Beck-Gernsheim*, Der geschlechtsspezifische Arbeitsmarkt, Frankfurt 1976, 89.

punkt, um gegenüber bisher unbefragten Abhängigkeiten Raum zu schaffen für ein Maß an Autonomie und Selbstbewußtsein, das für „Partnerschaft“ überhaupt erst die Voraussetzung schafft.

3. *Veränderungen im Verhältnis von Beruf und Familie im Leben von Frauen*

„Wir wollen Brot und Rosen!“ So hatten Frauen Anfang der achtziger Jahre zur Zeit der Frauenbewegung ihre Wünsche nach der Vereinbarkeit von Beruf und Familie in einer poetischen Formulierung ausgedrückt.

Die bürgerliche Gesellschaft sieht für Männer ein konsistentes Modell der Lebensplanung vor, in dem der Beruf der zentrale Bezugspunkt ist und neben diesem, aber dem Beruf eindeutig nachgeordnet, die Familie steht. Für Frauen gilt das nicht. Das Nebeneinander von Beruf und Familie, das für den Mann gilt, kann für Frauen – in der Regel – nur als ein zeitliches Nacheinander existieren. Das ermöglicht Frauen zwar die außerhäusliche Berufstätigkeit, schafft aber auch erhebliche Probleme.

Entgegen dem Leitbild von der Nur-Hausfrau und Mutter hat sich seit der Jahrhundertwende die außerhäusliche Berufstätigkeit von Frauen kontinuierlich durchgesetzt, der Anteil der Frauen an allen Berufstätigen schwankt zwischen 30 und 39% und lag 1985 bei 37,7%.[26] Von allen Frauen im erwerbstätigen Alter (15—65) sind in Deutschland 57%[27], in Schweden gar um 70% berufstätig[28]. Die Ausweitung der privaten und staatlichen Dienstleistungsbereiche, Handels- und Verwaltungsdienste sowie der Massenfabrikation in der Industrie bot gerade den Frauen aus den Mittel- und Unterschichten Arbeitsmöglichkei-

[26] *Statistisches Bundesamt*, Statistisches Jahrbuch 1987 für die Bundesrepublik Deutschland, Wiesbaden 1987, 105.
[27] Ebd. 98.
[28] Im internationalen Vergleich liegt die BRD im unteren Bereich.

ten. Mit der Heirat, spätestens mit der Geburt von Kindern schieden Frauen, und zwar in der Regel endgültig, aus der Erwerbsarbeit aus. Mütterarbeit war lange lediglich ein Problem der Frauen aus der Unterschicht, die aus ökonomischen Gründen gezwungen waren zu arbeiten. Nur für ledige Frauen setzte sich lebenslange Erwerbstätigkeit in fast allen sozialen Schichten durch. So schien die Aufteilung des Lebenslaufs von Frauen in zwei Phasen, in eine eher kurze der Ausbildung und Berufstätigkeit und die darauffolgende sehr lange Familienphase, das Modell zu sein, das die bürgerliche Gesellschaft für Frauen bereithielt. Doch dieses Modell entspricht zunehmend weniger der Realität.

Bereits Mitte der sechziger Jahre formulierten A. Myrdal und V. Klein[29] ein Modell mit Wechsel von Berufstätigkeit/Familie/Berufstätigkeit, das den Ansprüchen der Frau genügen sollte.

Der Begriff der „Doppelrolle der Frau" wurde populär. Möglich wurde dieses Lebensplanungsmodell für die Frauen, weil sowohl ein hoher Bedarf an Arbeitskräften in der Wirtschaft bestand als auch strukturelle Veränderungen in der Familie stattgefunden hatten.

Die gegenwärtige Situation der Frau wird durch folgende Veränderungen bestimmt:

- Die Kinderzahl hat sich kontinuierlich seit der Jahrhundertwende verringert. Das geschah zuerst bei den Mittelschichten, den Beamten und Angestellten, dann bei den Oberschichten und bei den Arbeitern, schließlich auch bei den Bauern. Dies hängt mit modernen Lebens- und Wohnformen zusammen, aber noch zentraler mit der veränderten Stellung des Kindes in der Familie. Seine Erziehung und Ausbildung kostet Geld, und anders als früher können Kinder nicht mehr als Sicherung im Alter dienen. Dagegen erhalten Kinder heute eine hohe emotionale Bedeutung. Die Begriffe „Wunschkind" und „Kindzentrierung der Familie" deuten diesen Wandel an. Die Berufstätigkeit

[29] *A. Myrdal/V. Klein*, Die Doppelrolle der Frau in Familie und Beruf, Köln–Berlin 1962.

von Frauen spielt bei der Verringerung der Kinderzahl eher eine untergeordnete Rolle, denn auch nichtberufstätige Frauen wollen heute nicht mehr als ein oder zwei Kinder.

● Die Möglichkeit zur Geburtenregelung seit etwa Mitte der sechziger Jahre erlaubt es, die zeitliche Folge der Geburten zu beeinflussen und damit die Betreuungszeiten für Kleinkinder zu konzentrieren. Für viele Frauen entsteht mit Mitte oder Ende dreißig bereits eine Phase verminderter Familienpflichten.

● Die Technisierung des Haushalts und die teilweise Kommerzialisierung der Hausarbeit bieten Entlastungen und schaffen neue Freiräume für die Frauen.

● Die Lebenserwartung der Frau hat sich drastisch erhöht. Frauen werden im Durchschnitt 77 Jahre alt. So entsteht nach der aktiven Familienphase eine sehr lange Zeit, in der Frauen außerhäusliche gesellschaftliche Aufgaben übernehmen können.

● Die Ehe ist als Existenzsicherung für Frauen brüchig geworden. Jede dritte Ehe wird geschieden. Die Ehe dient zunehmend weniger objektiven Zwecken, sondern sie wird an subjektiven Erwartungen und inneren Bedürfnissen ausgerichtet.

Diese Veränderungen in der Familie haben dazu beigetragen, daß Frauen heute – insbesondere die jüngeren, gut ausgebildeten Frauengenerationen – beides wollen, die Familie und den Beruf. Das zeigt sich auch in den Daten. Von allen erwerbstätigen Frauen haben 40% Kinder unter 15 Jahren zu versorgen,[30] d. h., die Müttererwerbstätigkeit ist gestiegen. Und von den Frauen, die sich zur Zeit ausschließlich in der Familie befinden, also Nur-Hausfrauen und Mütter sind, wollten 1978 44%[31] wieder in den Beruf zurückkehren.

Der zentrale Stellenwert der Berufsarbeit für Frauen wird nicht nur durch die wachsende Beteiligung von Frauen am Erwerbsleben deutlich, sondern gerade in der Analyse von Hausarbeit und Arbeitslosigkeit. Berufstätigkeit ermöglicht

[30] *Statistisches Bundesamt*, a. a. O., 105.
[31] QuintAB (1984) 4, 27.

Frauen eigene Erfahrungen von zentralen Dimensionen der gesellschaftlichen Realität aus erster Hand, nicht nur über den Ehepartner vermittelt. Sie ermöglicht Erfahrungen von Konflikten und Auseinandersetzungen, aber auch von Leistungsfähigkeit und sozialer Anerkennung. Nicht zuletzt bietet sie über das eigene Einkommen eine Basis für ökonomische Selbständigkeit und Selbstbewußtsein, für Anerkennung und Gleichrangigkeit auch in der Familie.

Diese Aspekte der Berufstätigkeit wurden deutlich, als kontrapunktisch zur zunehmenden Berufsarbeit die Hausarbeit von Frauen Mitte der siebziger Jahr problematisiert wurde. Frauen empfanden nach einer eigenen ersten Berufstätigkeit den Rückzug in die Familie als Belastung. Die Abhängigkeit vom Ehepartner, der Mangel an gesellschaftlicher Anerkennung der Hausarbeit in Form von Geld und Prestige, die „Unsichtbarkeit" der Hausarbeit, die soziale Isolation in der Kleinfamilie und ihre Kontaktarmut bildeten für viele Frauen die Konfliktebenen. Analysen der Verquickung von ökonomischen, sozialen und psychischen Ebenen in der Familienarbeit von Frauen zeigten, wie im Beziehungsgeflecht von Ehe und Familie durch persönliche Bindungen sowohl Sinngebung als auch Ausbeutung möglich werden. Berufstätigkeit und Familie bilden inzwischen bei der jüngeren Frauengeneration feste Bestandteile in der Lebensplanung, das Drei-Phasen-Modell wird von vielen Frauen als eine Möglichkeit akzeptiert, beide Bereiche zu vereinen.

Wie problematisch jedoch andererseits dieses Modell sein kann, erfahren Frauen immer wieder, wenn sie in den Beruf zurückkehren wollen: Weil das Wissen schnell veraltet, werden ihnen in den jeweiligen Berufsfeldern eher geringer qualifizierte Arbeitsplätze angeboten, die – besonders bei Arbeitern und Angestellten – rationalisierungsgefährdet und konjunkturabhängig sind. Frauen werden – auch mit dem Argument, sie seien Doppelverdiener – als erste entlassen.[32] Bei dieser diskontinu-

[32] Die Arbeitslosenquote der Frau lag 1982 mit 8,6% höher als die der Männer mit 6,8%.

ierlichen Arbeit ist die Alterssicherung oft völlig unzureichend.[33] So hängt schließlich die Realisierung einer solchen Lebensplanung ganz wesentlich von den Bedingungen des Arbeitsmarktes ab, auf dem Frauen objektiv die Rolle einer verschiebbaren Reserve an Arbeitskräften spielen, die sie zudem häufig noch passiv akzeptieren, weil eine befriedigende Lösung des Konflikts zwischen Beruf und Familie nicht vorhanden ist.

Gleichwohl ist nicht damit zu rechnen, daß die bisherigen Arrangements und Kompromisse auch weiterhin dergestalt von den Frauen passiv akzeptiert oder hingenommen werden, daß eine primäre, durch Sozialisation vermittelte Orientierung auf den Familienbereich Berufstätigkeit nur mit „schlechtem Gewissen" zuläßt. Die beschriebene Entwicklung im Bildungs- und Ausbildungsbereich, das Vorbild und die Erfahrungen, die die jetzige Frauengeneration den heranwachsenden Mädchen vermittelt, die sozialen und politischen Konflikte um die Realisierung der Berufstätigkeit von Frauen, all das deutet darauf hin, daß das Leitbild der Frau der frühbürgerlichen Epoche abgelöst wird durch das Bild einer Frau, die auf ihrem Anspruch auf Individualität und Selbständigkeit im Bereich des Berufs und in der Partnerschaft von Ehe und Familie bestehen wird. Allerdings wird man nicht von einem kontinuierlichen Fortschritt – quasi von einer evolutionären Frauenemanzipation – reden können. Die Entwicklung vollzieht sich – so E. Beck-Gernsheim – eher in „Wellenbewegungen zwischen Fortschritten und Rückschritten", deren Grundlinie aber für die Frauen von einem – wie sie es nennt – „Dasein für andere" zur Realisierung eines Stücks „eigenen Lebens" verläuft.[34]

[33] *B. Riedmüller*, Armutspolitik und Familienpolitik. Die Armut der Familie ist die Armut der Frauen, in: *St. Leibfried/Fl. Tennstedt* (Hrsg.), Politik der Armut und Die Spaltung des Sozialstaats, Frankfurt 1985.

[34] *E. Beck-Gernsheim*, a. a. O. 308.

Doris Bischof-Köhler und Norbert Bischof

Der Beitrag der Biologie zu einer Anthropologie der Frau

1. Einleitung

Thomas von Aquin verdanken wir den berühmten Ausspruch: „Gratia non destruit sed supponit et perficit naturam – die Gnade vernichtet nicht die Natur, sondern sie setzt sie voraus und vollendet sie."

Die aufgeklärte Vernunft hat diese Maxime längst säkularisiert und an die Stelle der Gnade die „Gesellschaft" gesetzt. Wenn wir das konzedieren und gleichwohl noch immer das Augenmaß des Aquinaten walten lassen wollen, so hätten wir immerhin zu notieren, daß auch die gesellschaftliche Selbstgestaltung des Menschen das Humanum naturale weder „überwinden" noch einfach ignorieren könne, sondern wiederum als Voraussetzung einbeziehen müsse: Auch hier gilt analog „Societas supponit naturam". Frei übersetzt heißt das: Die Natur des Menschen ist so etwas wie die Partiturskizze eines Musikdramas, von einem genialen Künstler ohne Regieanweisungen und unvollständig orchestriert einer sogenannten Gesellschaft hinterlassen, d. h. einer Schar von Arrangeuren, Regisseuren, Intendanten und Dirigenten, die nun die Aufgabe haben, das Werk so zu inszenieren, daß es aufführbar wird und das Publikum zufrieden ist. Sie leisten dabei sicher wichtige und unverzichtbare Arbeit, aber sie sollten doch bei all ihren Deutungsversuchen, Retuschen, Schnitten, Ausschmückungen und manchmal auch Vergewaltigungen nicht schließlich der Einbildung erliegen, das Ganze sei mit Haut und Haaren ihre eigene Schöpfung.

Um dieser Selbsttäuschung zu entgehen, bedarf es freilich einer *vergleichenden* Sichtweise. Für sich allein betrachtet, mutet jede Inszenierung und Orchestrierung in der Tat ganz verschieden an. Nimmt man sie aber alle zusammen, so löscht sich das Zufällige und Besondere wechselseitig aus, und die eigentliche Substanz, die ursprüngliche Inspiration des Künstlers, kommt zum Vorschein.

Für die Fragestellung einer Anthropologie der Frau lassen sich diese Überlegungen folgendermaßen konkretisieren: Betrachtet man das gewaltige Drama der Geschlechterpolarisierung im *Kulturvergleich*, so wird hinter all den mannigfachen gesellschaftlichen Variationen letzten Endes eine Grundthematik deutlich, eine Gruppe von Leitmotiven, die ihnen allen gemeinsam und daher vorgeordnet sind. Und wird man dann gewahr, daß eben diese Leitmotive sogar noch den Menschen transzendieren und auch schon in seiner näheren und weiteren *tierischen Verwandtschaft* unüberhörbar anklingen, dann bekommt die These „Societas supponit naturam" eine Kraft, die es nicht mehr erlaubt, ein paar sozialpsychologische Fragebogenerhebungen, bei denen die Probanden ihre naive Privatmeinung über Mann und Frau anzukreuzen hatten, über Existenz oder Nichtexistenz natürlicher Geschlechtsunterschiede entscheiden zu lassen.

Eines sei freilich sogleich klargestellt: „Voraussetzen" heißt nicht bedingungslos in seinem Sosein akzeptieren. Auch hier bleibt vielmehr zu ergänzen „Societas perficit naturam", und Vollenden schließt immer auch Umgestalten ein. Die schöpferische Potenz des menschlichen Geistes vermag blühende Gärten in Wüsten zu setzen, Brücken über Abgründe zu schlagen und Häuser bis zu den Wolken empor zu türmen. Damit das alles aber soliden Bestand haben kann, muß der Eigencharakter der Fundamente, die es tragen sollen, genau verstanden und berücksichtigt sein. So ist es auch bei unserem Thema: Wer für die gleichberechtigte Selbstverwirklichung beider Geschlechter eintritt, ist übel beraten, wenn er meint, seinem Anliegen einen Dienst zu erweisen, indem er die Natur der Geschlechter ignoriert oder verleugnet.

2. Parentale Investition

Was wissen wir über die Natur, über die Biologie der Geschlechterpolarität? Es gibt hier eine Reihe von bedenkenswerten und teilweise noch sehr dunklen Phänomenen, angefangen schon bei dem Rätsel, warum Fortpflanzung überhaupt an die *Paarung* zweier Individuen geknüpft sein muß, bis hin zu der etwas besser verstandenen Frage, warum diese beiden Individuen dann auch *anatomisch verschieden* sein müssen, statt einfach als geschlechtsneutrale Zwitter zu existieren. Dies im einzelnen darzulegen, würde hier zu weit führen (vgl. dazu etwa Bischof, 1980). Wir beschränken uns deshalb darauf, ein Phänomen in seiner Bedeutung auszuleuchten, dem die eigentliche Schlüsselrolle für das Verständnis der Geschlechtsunterschiede zukommt.

Die Hintergründe dieses Phänomens reichen weit in die Stammesgeschichte zurück, in die Zeit, als unsere Vorfahren von der *äußeren* zur *inneren Befruchtung* übergingen. Bei den meisten Fischen vertrauen beide Geschlechter ihre Keimsubstanz noch dem Meerwasser an. Mit dem Übergang zum Landleben aber wurde es erforderlich, daß einer der beiden Organismen – aus Gründen, die für die weitere Argumentation ohne Belang sind, immer der weibliche – zum Empfänger und Träger des keimenden Lebens wurde. Das hatte zur Folge, daß sich bei allen landlebenden Wirbeltieren stets eine wenn auch unterschiedlich ausgeprägte Ungleichheit zwischen den beiden Geschlechtern in bezug auf eine Größe feststellen läßt, die die Evolutionsbiologen als „parentale Investition“ bezeichnen (Trivers, 1978).

Diese Aussage läuft auf die Binsenweisheit hinaus, daß das weibliche Geschlecht weniger Kinder in die Welt setzen kann als das männliche. Präziser gesagt: Die Investition von Anstrengung, Zeit und Risiko, die ein Individuum für die Weitergabe seines Genoms aufwendet, ist bei beiden Geschlechtern strategisch verschieden verteilt. Das weibliche Geschlecht muß einen vergleichsweise großen Investitionsaufwand pro Einzelnachkomme leisten, die Kapazität reicht daher nur für wenige

Nachkommen; das männliche Geschlecht kann jeweils wenig in entsprechend viele Nachkommen investieren.

Das heißt nun nicht etwa, daß zwischen den Geschlechtern ein unterschiedliches Interesse an der Fortpflanzung bestünde. Evolutionsbiologisch ist die Ultima ratio jedes Lebewesens, gleich welcher Art und welchen Geschlechts, *möglichst viele und möglichst überlebenstaugliche Nachkommen* zu hinterlassen. Denn diese sind die Träger des eigenen Genoms und verbreiten es. Und je effizienter sie das tun, desto mehr wird dieses Genom letzten Endes im Erscheinungsbild der Population durchschlagen. Alles, was im Bereich des Lebendigen überhaupt dauerhaft antreffbar ist, muß diese Probe mit Erfolg bestanden haben. Es muß – ganz gleich über welche verwickelten Umwege – dazu beigetragen haben, daß die Träger eben dieser Eigenschaften sich effizienter als andere vermehren konnten.

Effizienter heißt aber zweierlei. Sie mußten entweder mehr Nachkommen haben als andere, oder aber ihre Nachkommen mußten gesünder, vitaler, begabter, also „besser" sein als ihre Konkurrenten. Wir haben also gewissermaßen eine *quantitative* und eine *qualitative Strategie* zu unterscheiden. Diese beiden Strategien schließen sich nicht direkt aus, aber sie sind praktisch doch nicht leicht zu kombinieren; man beobachtet daher nicht selten Spezialisierung auf eine der beiden.

Bei den Arten mit innerer Befruchtung ist eben dem *weiblichen* Geschlecht die quantitative Strategie verwehrt, so daß hier ein starker Selektionsdruck auf die Entwicklung und den Ausbau qualitativer Strategien hinwirkt. Das heißt, die Weibchen sind, weil sie nur vergleichsweise wenige Junge haben können, darauf spezialisiert, diesen eine möglichst günstige Startbasis im Konkurrenzkampf zu vermitteln. Das tun sie auf zwei verschiedene Weisen:

(1) Sie erweitern den durch Schwangerschaft gebotenen Minimalaufwand durch zusätzliche Leistungen der *nachgeburtlichen Brutpflege*, indem sie Motivationen entwickeln, ihre Brut zu füttern, zu wärmen, zu transportieren und zu schützen. Bei Säugetieren hat das seinen anatomischen Niederschlag in der

Entwicklung von Milchdrüsen allein im weiblichen Geschlecht gefunden.

(2) Weibchen lassen sich von vornherein nur auf das Fortpflanzungsgeschäft ein, wenn die *Voraussetzungen wirklich optimal* sind, d. h., wenn günstige Umweltbedingungen herrschen und wenn der Partner seine Qualifikation unter Beweis gestellt hat.

Beim *männlichen* Geschlecht liegen die Verhältnisse komplizierter. Der Regelfall ist hier eine vergleichsweise *geringere parentale Investition* – wohlverstanden immer zu ergänzen: pro einzelnem Nachkommen. Der Aufwand beschränkt sich im einfachsten Fall auf Partnersuche und Befruchtung. Das männliche Engagement *kann* aber auch Beteiligung an der Ernährung und vor allem an der Verteidigung der Jungtiere mitumfassen. Damit steigt dann die parentale Investition der Männchen an, und ihre mögliche Nachkommenzahl sinkt entsprechend ab. Das Ausmaß ist artspezifisch, es ist genetisch verankert und hängt von der langfristigen Einpassung der Tierart in ihre Ökologie ab.

Wir können am männlichen Verhalten somit grob drei Typen unterscheiden:

(1) Wenn ein Elternteil genügt, um die Nachkommen zu versorgen und zu beschützen, dann ist dieser Elternteil bei landlebenden Wirbeltieren regelmäßig der weibliche. Im männlichen Geschlecht sind hier von der natürlichen Selektion jene Individuen begünstigt, die ihre parentale Investition *minimieren*, die also *keine feste Bindung* eingehen und sich nicht an der Brutpflege beteiligen, sondern nach der Befruchtung möglichst rasch eine neue Partnerin suchen.

(2) Wenn das Weibchen allein seine Nachkommen nicht durchbringen würde, dann hat das Männchen, selektionstheoretisch betrachtet, keine Vorteile, wenn es sein Weibchen vorzeitig verläßt. Erbliche Disposition zu Flatterhaftigkeit und Untreue wird hier immer wieder rasch und verläßlich abgezüchtet. Die Selektionsprämie gewinnen jene Männchen, die sich an ihre Partnerin binden und sie wenigstens eine Zeitlang bei der

Aufzucht unterstützen. In der Regel reicht dann die Investition der Männchen immer noch für mehrere Weibchen; das ergibt die im Tierreich nicht seltene Eheform der *Polygamie*.

(3) Den äußersten Grenzfall stellt dann die tierische *Monogamie* dar, bei der die parentale Investition der Geschlechter praktisch gleich groß geworden ist. Diese exklusive Partnerbindung findet sich am ehesten bei kleinen und relativ schwachen Wirbeltieren, so etwa bei den meisten Vögeln.

3. Geschlechtstypische Verhaltensunterschiede bei Tieren

Diese unterschiedlichen Fortpflanzungsstrategien der Geschlechter haben nun eine Reihe von teilweise gravierenden Konsequenzen für die sonstige Verhaltensorganisation. Das basale Faktum, von dem man bei der Abschätzung dieser Konsequenzen ausgehen muß, ist die *unterschiedliche Ausnutzung des Fortpflanzungspotentials* in den beiden Geschlechtern. Dieser Effekt setzt derart gewaltige Selektionskräfte frei, daß wir ihn in seiner ganzen Tragweite voll verstanden haben müssen, um die weitere Argumentation würdigen zu können.

Stellen wir dazu ein Gedankenexperiment an. Angenommen, nach einem Schiffbruch konnten sich 10 Männer und 10 Frauen auf eine Insel retten. Sie konnten, wie wir zur Vermeidung von Komplikationen annehmen wollen, keine Kontrazeptiva mitnehmen, sie sind gleich jung und gesund, und sie sind weltanschaulich und religiös ungebunden; ihr Fortpflanzungsverhalten unterliegt also keinen anderen als den natürlichen Beschränkungen. Nach 30 Jahren sind, extrem geschätzt, auf dieser Insel 120 Kinder zur Welt gebracht worden; jede Frau hat also 12 Kinder bekommen, womit ihre physischen Möglichkeiten einigermaßen erschöpft sind. Irgendwie verteilen sich diese 120 Kinder auf die 10 anwesenden Männer. Aber *deren* Fortpflanzungspotential ist damit noch nicht einmal annähernd ausgenützt. Hier läge die physiologische Grenze bei, sagen wir, 2000 Kindern pro Mann. Das ergäbe das wahrhaft gewaltige Potential von 20000 Kindern im genannten Zeitraum, zu deren Zeugung die Männer wenigstens *theoretisch* in der Lage gewesen wären.

De facto begrenzen die Frauen natürlich dieses Potential. Von dieser Ressourcenverknappung werden die anwesenden Männer aber nicht zu gleichen Teilen betroffen sein. Einigen von ihnen wird es, aus welchen Gründen immer, gelingen, sich die Gunst mehrerer Frauen zu sichern; andere werden leer ausgehen. Die genetische Ausstattung derer, die bei diesem Spiel am meisten Erfolg haben, wird sich natürlich überproportional vererben und nach hinreichend vielen Generationen überhaupt das Erscheinungsbild der Männer auf dieser Insel bestimmen. Eine dazu parallele Entwicklung wird auch im weiblichen Geschlecht ablaufen. Aber der Geschlechtsunterschied im Fortpflanzungspotential wird eben zur Folge haben, daß sich bei Frauen und Männern *andere* Verhaltensbereitschaften genetisch fixieren. Welche sind das nun?

(1) Ein erster in der Natur bis hinauf zum Menschen weithin zu beobachtender, also nicht etwa nur „in unserer Gesellschaft" so sozialisierter Unterschied der Geschlechter betrifft die *Paarungsbereitschaft*. Da Fortpflanzung ein „seller's market" ist, müssen die Männchen bedingungsloser paarungsbereit sein als die Weibchen. Auch schon im Tierreich ist die Präokkupation des Mannes mit dem Paarungsgeschäft eine verbreitete Erscheinung. Das Weibchen ist vergleichsweise spröder. Im einzelnen zeigt sich dies an folgenden Punkten:

(a) In der Regel müssen die Männchen um die Weibchen *werben*, während die Weibchen sich ihre Partner *aussuchen* können. Dabei ist darauf hinzuweisen, daß es zwei Ebenen der Werbung gibt, die mit dem Ausmaß der männlichen parentalen Investition zusammenhängen.

1. Bei minimaler männlicher parentaler Investition, also bei Arten ohne Partnerbindung, ist das Werbungsritual eine Demonstration von männlicher Stärke. Die männliche Werbungsgeste entstammt dem Inventar des Drohverhaltens; das Männchen muß *Furchtlosigkeit, Selbstsicherheit, Kraft* und *Vitalität* unter Beweis stellen und tut dies dadurch, daß es seine

Partnerin einschüchtert. Diese zeigt dann durch Unterwerfungsgesten an, daß sie das Männchen akzeptiert. Auch hier trifft übrigens das Weibchen die Wahl, denn wenn es einen Partner nicht akzeptiert, kann es von ihm weglaufen.

2. Je höher die parentale Investition des Männchens ist, besonders also bei den monogamen Arten, desto eindeutiger schiebt sich ein anderer Stil des Werbungsverhaltens in den Vordergrund. Hier geht es primär darum, daß das Männchen seine *Bindungsfähigkeit* unter Beweis stellen muß. Das Werbungsritual besteht jetzt also etwa in einer symbolischen Fütterung des Weibchens, oder darin, daß der Freier ihr Nestmaterial überreicht. Um außerdem zu zeigen, daß er kräftig und furchtlos ist, droht er nun nicht mehr die Partnerin an, sondern er inszeniert eindrucksvolle Angriffe gegen Außenstehende.

(b) Auch dem gewählten Partner gegenüber ist das Weibchen *nicht bedingungslos paarungsbereit.* Männchen, die dazu veranlagt sind, noch unter ungünstigen, eventuell lebensbedrohenden Umständen eine Paarung zu riskieren, haben einen Selektionsvorteil: Wenn sie schon selbst draufgehen, überlebt immerhin ihr Genom, und die Nachkommen machen es dann später genauso. Weibchen hingegen, die sich unter Streßbedingungen auch noch mit einer Schwangerschaft belasten, statt die Paarung doch eher auf bessere Zeiten zu verschieben, sind zurückhaltenderen Varianten gegenüber im Nachteil; deshalb trifft man im weiblichen Geschlecht, auch bei Tieren, viel mehr Wenn und Aber im Zusammenhang mit der Sexualität als bei den Männchen.

(2) Wegen der beständigen Knappheit an fortpflanzungsfähigen Weibchen müssen die Männchen untereinander *um die Weibchen konkurrieren.* Das hat in der Hauptsache zwei Konsequenzen.

(a) Eine davon besteht in der Ausbildung einer spezifisch männlichen Kampfmotivation, die im wesentlichen eine *Wettkampfmotivation* ist.

1. Das männliche Geschlecht ist anlagebedingt *kompetitiver* als das weibliche, und zwar um so mehr, je stärker sich die parentale Investition der beiden Geschlechter unterscheidet.

2. Damit einher geht ein geschlechtsspezifischer Selektionsdruck auf körperliche *Stärke* und *Ausdauer*.

3. Dasselbe gilt für *Risikobereitschaft* und *Abenteuerlust*. Das zeigt sich z. B. daran, daß die überwiegende Mehrzahl der jungen Männchen spontan ihre Herkunftsfamilie verläßt und sich draußen häufig in lockerem Zusammenschluß mit anderen „Junggesellen" den Unbilden der Natur aussetzt, während die Weibchen eher in der Familie bleiben und warten, bis ein Männchen sie abwirbt (Bischof, 1985).

4. Der wohl folgenreichste geschlechtsspezifische Selektionsdruck in diesem Zusammenhang besteht darin, daß dem männlichen Geschlecht die Bereitschaft zur *Verleugnung* bzw. zum *unverdrossenen Hinnehmen* von *Mißerfolgen* angezüchtet wird. Männchen müssen einfach darauf eingerichtet sein, daß es nicht gleich beim ersten Mal klappt, und beim zweiten Mal und beim fünften Mal auch noch nicht. Ein Männchen, das sich nach dem ersten vergeblichen Versuch selbst zu bemitleiden beginnt und mit Streßsymptomen reagiert, hat eine sehr geringe Chance, sein Genom weiterzugeben. Dieser Selektionsdruck wirkt offenkundig *nicht* auf das weibliche Geschlecht, da dieses die Fortpflanzungsressourcen selbst kontrolliert.

(b) Das eben umrissene Syndrom wird häufig als „erhöhte männliche Aggressivität" beschrieben. Es darf aber nicht übersehen werden, daß hier auch eine Gegentendenz wirksam wird: Wo nämlich ständig gekämpft werden muß, dort entwickeln sich auch Mechanismen, die die schädlichen Begleiterscheinungen des Kampfes – also Verletzungsgefahr, Streß und Verlust der Gruppenkohäsion – nach Möglichkeit abbauen. Wir beobachten beim männlichen Geschlecht daher die Tendenz, *die Aggressivität zu ritualisieren*. Das geht im wesentlichen auf zwei Wegen vor sich:

1. Bei Auseinandersetzungen zwischen rivalisierenden Männchen besteht eine Tendenz, Beschädigungskämpfe durch *Kommentkämpfe* zu ersetzen, bei denen die Entscheidung nicht durch Verletzung, sondern durch Einschüchterung des Gegners herbeigeführt wird. Aus diesem Grunde ist ausgesprochenes

Imponierverhalten meist geschlechtsspezifisch männlich, unter Umständen morphologisch unterstützt durch ein martialisches Erscheinungsbild – etwa durch Mähne, Bart, Hauer oder Geweih.

2. Ein zweiter Punkt ist die Bereitschaft zur Herausbildung von kooperativen *Rangordnungen.* Dabei ist der springende Punkt nicht, daß man nach einer hohen Position strebt, sondern daß man auch bereit ist, sich in eine Hierarchie in subalterner Position *einzufügen*, wenn man eben keine Chance hat, das Alpha-Tier zu sein. Soll eine Rangordnung nämlich das Konfliktpotential in der Gruppe reduzieren, so kommt es darauf an, daß man sich auch an sie hält, sobald sie einmal etabliert ist. Man muß sich zwar prinzipiell die Bereitschaft erhalten, den Rangkampf wieder aufzunehmen, wenn eine neue Situation eingetreten ist; bis dahin aber muß man das Kriegsbeil auch begraben können und mit dem Boß einigermaßen kooperieren.

Im weiblichen Geschlecht ist das anders. Solange die parentale Investition unsymmetrisch verteilt ist, müssen die Weibchen um Futter, aber nicht außerdem um fortpflanzungsfähige Männchen konkurrieren, denn diese sind ja im Überfluß vorhanden. Dort, wo die beiden Geschlechter etwa gleichviel parentale Investition leisten, liegen die Dinge wiederum komplizierter. Es entsteht nun auch für die Weibchen ein gewisser Konkurrenzdruck, da es sich für die Männchen auszuzahlen beginnt, die Wahl der Partnerin ihrerseits von gewissen Kriterien abhängig zu machen, um die Möglichkeit einer Fehlinvestition niedrig zu halten. Zwei Faktoren sind dabei von Bedeutung:

1. Bei der Wahl des weiblichen Partners ist sicherzustellen, daß gesunde Nachkommen geboren und auch großgezogen werden können. Hierfür besonders relevante Merkmale sind Jugendlichkeit und gesundes Aussehen.

2. Da es für den männlichen Partner stets ungewiß ist, ob er auch tatsächlich der Vater ist, muß er, um nicht vergeblich zu investieren, dafür Sorge tragen, daß die Partnerin keine Neigung hat, sich mit Nebenbuhlern einzulassen. Das Indiz, das hierfür in erster Linie in Betracht kommt, ist weibliches Sprödigkeitsver-

halten bei der Werbung, also keine zu bereitwillige oder gar aktive Haltung.

Wenn die Weibchen solcherart auch ihrerseits in eine Konkurrenzsituation gebracht werden, so impliziert das jedoch *nicht*, daß es sich für sie auszahlen würde, um Männchen zu *kämpfen*. Diese machen ihre Wahl ja von Kriterien abhängig, auf welche die Weibchen durch Unterwerfung von Konkurrentinnen keinen Einfluß nehmen können. Es liegt also auch bei Arten mit symmetrischer parentaler Investition kein Selektionsdruck auf ritualisierten Rivalenkämpfen im weiblichen Geschlecht, und dementsprechend ist die *spontane* Kampfmotivation hier auch generell niedriger. Aggression tritt bei Weibchen vorwiegend *reaktiv* auf; sie ist dann allerdings keineswegs weniger heftig, weil kaum durch Ritualisation gegen Destruktivität geschützt.

Zusammenfassend läßt sich zum geschlechtstypischen Aggressionsverhalten bei Tieren folgendes sagen: Wenn *Männchen* gegen *Männchen* antreten, so herrscht das Erscheinungsbild spontaner Kompetition; die Aggression ist ritualisiert und leicht in Rangordnungen einzubinden. *Weibchen* kämpfen in der Regel nicht mit *Weibchen* um Männchen. Sie entfalten eine eher reaktive, jeweils anlaßbezogene Kompetitivität, das Aggressionsverhalten ist kaum ritualisiert, und es besteht keine Bereitschaft, sich kooperativ unterzuordnen. Zwischen *Männchen* und *Weibchen* ist eine Kompetition biologisch überhaupt nicht vorgesehen, wohl hingegen ein Vorrangstreben des Männchens als Relikt eines archaischen Werbungsmusters.

4. Hormonelle Grundlagen

Für diese Differenzierung der Verhaltensmuster zeichnet sich heute zunehmend auch eine Fundierung von seiten der *endokrinologischen* Forschung ab. Dabei scheinen vor allem die Hormone *Testosteron* und *Prolaktin* eine Schlüsselrolle zu spielen.

Das *Testosteron* kontrolliert Verhaltensweisen, die mit *nied-*

riger parentaler Investition in Verbindung stehen, also Kompetitivität, Explorativität und sexuelle Aktivität. Das *Prolaktin* steht in Verbindung mit *hoher parentaler Investition*, es korreliert mit Brutpflegeaktivität sowie mit Risikovermeidung und einem eher reaktiven Sozialverhalten.

Prolaktin fördert bei Säugetieren die weibliche Milchsekretion, daher sein Name. Man kann mit ihm aber auch Vögel und sogar Fische zu artgemäßen Brutpflegehandlungen anregen, und zwar in beiden Geschlechtern. Bei den monogamen Säugern, bei denen die Männchen stark an der Brutpflege beteiligt sind, beobachten wir eine zuweilen beträchtliche Erhöhung des männlichen Prolaktintiters. Insgesamt gilt aber, daß die Prolaktinkonzentration beim weiblichen Geschlecht höher ist als beim männlichen.

Beim Testosteron ist es umgekehrt, es gilt geradezu als das männliche Sexualhormon. Es wird in den Testes, den Hoden also, produziert. Außerdem geben, bei beiden Geschlechtern, die Nebennieren geringere Dosen von Testosteron ab. Nur in einem einzigen uns bekannten Fall entsteht Testosteron als Endprodukt in nennenswerter Menge auch in den weiblichen Sexualorganen, den Ovarien, und zwar hier sogar mehr als in den Hoden der Männchen, so daß das Weibchen effektiv einen höheren Testosteronspiegel aufweist als das Männchen. Dieser Fall liegt bei der Kampfwachtel (Turnix turnix) vor, einem Vogel mit einer im Tierreich ziemlich ungewöhnlichen Eheform, nämlich der *Polyandrie*. Das Weibchen unterhält hier einen Männerharem, es kontrolliert mehrere Nester, in denen je ein Männchen die Eier ausbrütet. Die Weibchen sind dabei kompetitiver als die Männchen, sie kämpfen um die Männchen, sie sind initiativ bei der Paarung, sie sind auch größer und prachtfarbiger als die Männchen.

Testosteron wird auf zweierlei Weise wirksam. Es *aktiviert* in der konkreten Einzelsituation aggressive und kämpferische Verhaltenstendenzen. Für die Ausbildung geschlechtstypischer Verhaltensdispositionen von besonderer Bedeutung ist aber die *determinierende* Wirkung des Testosterons auf die fötale Entwicklung. Wie man aus Versuchen mit Ratten, Kaninchen und Affen weiß, steuert Testosteron während der Fötalzeit und zum Teil auch noch in den ersten Wochen nach der Geburt die Ausbildung der primären und sekundären Geschlechtsmerkmale bei Männchen und wirkt sich zudem auf die Gehirnentwicklung in einer Weise aus, die dann die physiologische Grundlage für geschlechtstypisches Verhalten abgibt. Unterbleibt diese Testosteronwirkung während bestimmter kritischer Phasen, so kommt es bei männlichen Föten zu Geschlechtsumbildungen, Hermaphroditismus und Umpolung des Verhaltens in der gegengeschlechtlichen Weise. Bei genetisch weiblichen Nachkommen führen Testosterongaben während der Schwangerschaft zu einer Vermännlichung sowohl der primären und sekundären Geschlechtsmerkmale als auch des Verhaltens (Neumann, 1980).

Auch beim Menschen ist die determinierende Wirkung des Testosterons auf die Ausbildung der primären und sekundären Geschlechtsmerkmale belegt, und ebenso besteht Grund zu der Annahme, daß bestimmte Verhaltensdispositionen darauf zurückzuführen sind. So zeigen Patientinnen mit angeborener Anomalie der Nebennieren, die mit einer Überproduktion von Testosteron einhergeht (Adrenogenitales Syndrom), eine Vermännlichung nicht nur der körperlichen Erscheinung, sondern auch im Bereich des Verhaltens, so z. B. eine Vorliebe für männliche Sportarten. Ähnliche Befunde liegen von Mädchen vor, deren Mütter während der Schwangerschaft mit Hormonen behandelt wurden, die eine dem Testosteron vergleichbare Wirkung ausübten (Ehrhardt, 1980).

5. *Paläanthropologische Befunde*

Soviel in gedrängter Form zur Ausbildung der geschlechtsspezifischen Unterschiede auf der biologischen Ebene. Nun begegnen wir oft der Behauptung, daß beim Menschen „die Kultur die Natur abgelöst“ habe, und dieses Argument spricht uns emotional so unmittelbar an, daß wir selten darüber nachdenken, was es eigentlich besagen soll. Würde es indessen wirklich zutreffen, so müßte die Kulturentwicklung des Menschen die bei Tieren herausgebildeten Geschlechtsdifferenzen *abgezüchtet* haben.

Dazu muß man nun einen Blick zurück in die menschliche Vorgeschichte werfen. Vor etwa zwei bis drei Millionen Jahren hat sich die Menschheitsentstehung vollzogen, und einer der wesentlichen Faktoren dabei war der Übergang zur Großwildjagd. Aus Gründen, die anderenorts genauer ausgeführt sind (Bischof-Köhler, 1985), hatte das eine Reihe von einschneidenden Konsequenzen für das genetische Programm auch des heutigen Menschen. Die Lebensform, die seitdem während etwa 99 Prozent der menschlichen Geschichte vorherrschte und von der man daher am ehesten sagen kann, daß wir an sie biologisch angepaßt seien, ist die der *Wildbeuter*, also der nomadisierenden Jäger und Sammler.

Es gibt nur wenige Kulturen, die sich diese Lebensform bis in unser Jahrhundert hinein erhalten konnten, so daß sie als ethnographisch hinreichend gut dokumentiert gelten können. Am gründlichsten untersucht unter diesen sind die Buschleute der Kalahari, eine erst vor einem Jahrzehnt endgültig durch Akkulturation zerstörte Sozietät (s. dazu Eibl-Eibesfeldt, 1972). Was weiß man aus der Beobachtung von Buschleuten und anderen noch zugänglichen Dokumenten über Jäger-Sammler-Kulturen?

(1) Betrachten wir zunächst die *Fortpflanzungsgemeinschaft*. Daß sie die Form einer Ehe hat, also einer Dauerbindung, liegt außer Zweifel. Die Beziehung zwischen den Geschlechtern steht also keineswegs mehr unter dem Zeichen einer kruden männlichen Dominanz um jeden Preis. Allerdings ist die Eheform gemäßigt polygyn, dem Mann werden also mehrere Frauen zugebilligt, wenn er auch, nicht zuletzt aus ökonomischen Gründen, keinen exzessiven Gebrauch davon macht; denn immerhin ist seine parentale Investition vergleichsweise hoch. Die Indizien sprechen dafür, daß der Mensch von der biologischen Ausstattung her in einem Übergangsstadium von der

Polygynie zur Monogamie begriffen ist, daß Mann und Frau sich also, wenn auch nicht so kraß wie bei den ehelosen Arten, in geschlechtstypischen Verhaltensdispositionen *unterscheiden.*

(2) Eine zweite wichtige Frage betrifft die Form der *Arbeitsteilung*. Bei den Buschleuten – und in anderen bekannt gewordenen Wildbeuterkulturen ist es ähnlich – machen die Männer Jagd auf Großwild, die Frauen sammeln Pflanzen und Kleintiere. Die Frauen beschaffen dabei 60–80% der Nahrung für die Familie, die Männer 20–40%. Die Frauen tragen also zum Lebensunterhalt ganz erheblich bei, ganz anders als bei der traditionellen Rollenteilung in unserer Kultur (Lee, 1968).

Diese als ursprünglich anzusehende Arbeitsteilung konnte organisch auf den biologischen Unterschieden aufbauen, die zwischen den Geschlechtern bestanden, und forderte sie auch ein Stück weit heraus. Bei der Großwildjagd lag der Selektionsvorteil für die Männer auf Stärke, Kraft, Schnelligkeit, Risikobereitschaft, Unternehmungslust und Beharrungsvermögen bei Mißerfolgen. Da ein mit diesen Eigenschaften ausgerüsteter Mann nicht nur als Jäger erfolgreich ist, sondern sich auch der besonderen Beachtung bei den Frauen erfreut, besteht kein Grund zu der Annahme, daß diese Dispositionen überflüssig waren und deshalb abgezüchtet worden wären.

Die Frauen dagegen waren durch die Schwangerschaft und die Ernährung des Kindes in ihrem Bewegungsradius eingeschränkter, so daß es für sie näher lag, sich auf das Sammeln von Pflanzen und Tieren zu konzentrieren. Bei ihnen wäre ein exponierter, risikoreicher Lebensstil von Nachteil gewesen. Die Verantwortung für den Schutz und das Wohlergehen der Kinder legte umgekehrt die Selektionsprämie gerade auf Umsicht und Vorsicht und natürlich auf die Disposition zu Fürsorglichkeit.

Es ist also gänzlich abwegig, wenn Sozialwissenschaftler wie z. B. de Mause (1974) oder Badinter (1981) behaupten, die Fürsorge für Kinder sei eine zivilisatorische Errungenschaft der Neuzeit, die bis ins ausgehende Mittelalter noch nicht bestanden habe. Man muß nicht einmal ein Biologe sein, sondern nur mit offenen Augen durch die Natur gehen, um zu sehen, welch wichtigen Selektionsfaktor die Brutpflegemotivation bei Tieren darstellt. Daß Vergleichbares auch für die mütterliche Fürsorglichkeit beim Menschen zutrifft, zeigt der Kulturvergleich. Er macht nämlich deutlich, was es bedeutet, unter den Lebensbedingungen ein Kind großzuziehen, die für die Menschheit bis in die jüngste Vergangenheit hinein bestimmend waren und es zum Teil auch heute noch sind. Dabei hing es ausschließlich von der Mutter ab, ob das Kind hochkam. Es gab keine Nestlé-Milch, keine Flasche, die man dem Kind geben konnte, da war keine Fürsorgerin, die eingegriffen hätte, wenn die Mutter das Kind vernachlässigte, und selbst der aufopferungswilligste Vater hätte da wenig bewirken können. Alle diese zusätzlichen Hilfen fingen überhaupt erst in allerjüngster Zeit an, eine Rolle zu spielen, so daß es völlig absurd ist, anzunehmen, die mütterliche Fürsorgemotivation hätte in irgendeiner historischen Phase verlorengehen können und dann von der Kultur neu erfunden werden müssen.

Geschlechtstypische Verhaltensdispositionen, die wir bei Tieren antreffen, haben also in der Menschheitsgeschichte ihre Bedeutung nicht verloren, sondern umgekehrt eher eine Bestätigung erfahren. Die Annahme ist somit gerechtfertigt, daß sie immer noch zur Natur des Menschen gehören. Wieweit lassen sie sich nun aber unter den Bedingungen der modernen Zivilisation nachweisen?

6. Befunde aus der Entwicklungspsychologie

Hier empfiehlt es sich, einen Blick auf entwicklungspsychologische Befunde zu werfen. Dabei zeigt sich, daß geschlechtstypische Unterschiede bereits in der frühen Kindheit manifest werden, und zwar zu einem Zeitpunkt, zu dem die Erziehung noch sehr wenig bewirkt haben kann.

(1) Schon als Babys in den ersten Lebenswochen gelten Jungen als unruhiger und schwieriger, während kleine Mädchen leichter zu beruhigen sind und öfter lächeln (Moss, 1974). Bereits

am Ende des ersten Lebensjahres sind Jungen mehr auf Erkundung aus. Unter einer größeren Spielzeugauswahl bevorzugen sie mechanisches Spielzeug und versuchen Dinge auseinanderzunehmen. Sie halten sich weniger an Verbote, und von der frühen Kindheit an ist die Unfallrate bei ihnen höher. Sie entwickeln im zweiten Lebensjahr eine Vorliebe für den Vater als Spielpartner, und zwar anscheinend deshalb, weil er robuster, körperlicher spielt, und weil sein Spiel mehr Überraschungen enthält als das der Mutter. Töchter dagegen zieht es mehr zu den Müttern hin, die sich im Spiel eher an vertraute Muster halten. Die Orientierung zum gleichgeschlechtlichen Elternteil erfolgt jedenfalls lange, bevor die Kinder sich ihrer eigenen und der elterlichen Geschlechtsidentität kognitiv bewußt werden (Maccoby und Jacklin, 1974; Dannhauer, 1973; Lamb, 1976).

(2) Mädchen entwickeln im dritten Lebensjahr eine Vorliebe für Puppenspiele, und zwar unabhängig vom elterlichen Spielzeugangebot. Hierzu ist anzumerken, daß die Bedeutung, die man geschlechtstypischen Spielsachen für die Herausbildung der Geschlechtsunterschiede zuschreibt, meist übertrieben wird. Bei Naturvölkern, aber auch in armen Bevölkerungsschichten zivilisierter Kulturen gibt es häufig gar kein Spielzeug, so daß die Kinder hier ganz auf das Fantasiespiel angewiesen sind. Dabei zeigt es sich, daß sie neutrale Objekte in geschlechtstypischer Weise umdeuten, wobei die Mädchen Rollenspiele mit fürsorglichem Charakter vorziehen, während die Buben ihre Kräfte in Jagd- und Wettkampfspielen messen (Draper, 1976).

Die stärkere Neigung, pflegerische Verantwortung zu übernehmen, deutet sich bei Mädchen auch darin an, daß sie bereits im Vorschulalter mehr an der seelischen Verfassung des anderen interessiert sind, mehr Mitleid äußern und in Tests, die das Einfühlungsvermögen prüfen, höhere Werte als die Jungen aufweisen. Damit in Zusammenhang ist es wohl auch zu sehen, daß sie anfälliger für Schuldgefühle sind (Hoffman, 1977).

(3) In der sozialen Interaktion mit Gleichaltrigen des gleichen Geschlechts ziehen Mädchen intensive Kontakte mit einzelnen Freundinnen vor, während Jungen sich zu größeren Gruppen

zusammenschließen. Mädchen suchen den persönlichen Austausch, die „Seelenfreundschaft“, während für die Jungen die Gruppe Gleichaltriger eine Interessengemeinschaft darstellt, die für Abwechslung und Unternehmungen sorgt. Ab dem dritten Lebensjahr zeigen Jungen weltweit eine Vorliebe für spielerisches Raufen, aber auch für echte aggressive Auseinandersetzungen; sie provozieren andere, wollen ihre Kräfte messen (Blurton Jones, 1972; Merz, 1979; Maccoby und Jacklin, 1980). Untersuchungen, die unter ethologischer Perspektive vorgenommen wurden, kommen zu dem Ergebnis, daß solche Auseinandersetzungen eigentlich Rangkämpfe sind. Sie führen bereits vom vierten Lebensjahr an zur Ausbildung von Rangordnungen, die sich über viele Jahre stabil halten, sofern die gleiche Gruppe zusammenbleibt. Die Jungen kennen im allgemeinen sehr gut ihren Rangplatz und stimmen in der Zuweisung der einzelnen Ränge in hohem Maß innerhalb der Gruppe überein. Vorrechte von Ranghöheren werden anerkannt, die Ranghierarchie reduziert also Konflikte (Omark u. a., 1980; Savin-Williams, 1987).

Auch Mädchen haben eine ausgeprägte Sensibilität für Rang. Dieser beruht bei ihnen aber auf anderen Eigenschaften als „Kampfkraft“ und körperlicher Stärke. Sie zeigen daher kaum Interesse an Raufspielen. Vor allem aber erweisen sich Rangstrukturen bei ihnen als weniger stabil, und in der Beurteilung der Rangbeziehung zwischen den Gruppenmitgliedern herrscht keine Übereinstimmung. Einzelne können zwar ein besonderes Ansehen genießen, werden z. B. von den anderen imitiert, aber das garantiert nicht, daß man ihnen auch Vorrechte zugesteht; es kommt vielmehr bei entsprechenden Anlässen immer wieder zu Auseinandersetzungen und Umschichtungen der Rangordnung. Infolgedessen bleiben Mädchengruppen konfliktanfälliger (Savin-Williams, 1987; Charlesworth und Dzur, 1987).

Ein Geschlechtsunterschied zeigt sich auch in der Art der Rangbekundungen. Während bei Jungen Imponierverhalten und zum Teil brachiale Durchsetzung die bevorzugten Strategien sind, nehmen Mädchen eine mehr abwartende Haltung ein und gehen indirekt vor. Wenn sie einen Ranganspruch demonstrieren, so geschieht dies, indem sie ungefragt Ratschläge geben, sich stillschweigend den Anordnungen anderer widersetzen oder diese überhaupt ignorieren (Savin-Williams, 1987). Die Unwilligkeit, sich von der Geschlechtsgenossin etwas vorschreiben zu lassen, äußert sich auch später in den Schwierigkeiten, die Frauen haben, wenn sie sich in betrieblichen Hierarchien anderen Frauen unterordnen müssen, während dies gegenüber dem männlichen Chef kein Problem bedeutet. Männern hingegen bereitet es offensichtlich keine tiefergehenden Probleme, eine weibliche Führungskraft zu akzeptieren (v. Rosenstiel, 1987). Schließlich wäre als typische Form der weiblichen Rangbekundung die „prosoziale Dominanz" zu nennen, in der sich auch eine pflegerische Komponente ausmachen läßt. Es geht dabei um die Zurechtweisung anderer „zu deren Bestem": Jüngere Kinder werden etwa zum Schutz zurückgehalten, oder man verschafft bestehenden Regeln Geltung, indem man Verbote ausspricht (Maccoby und Jacklin, 1974).

Soweit sich diese Befunde in die Dimensionen tierischer Verhaltensmöglichkeiten übersetzen lassen, weisen sie tatsächlich eine augenfällige Parallele zu den dort feststellbaren geschlechtstypischen Verhaltensdispositionen auf. Sie bestätigen die in der Sozialpsychologie als Geschlechtsstereotypen beschriebenen allgemeinen Überzeugungen, Männer seien durchsetzungsfähiger, aggressiver, risikobereiter und sachorientierter, Frauen dagegen mehr an familiären, pflegerischen Belangen interessiert. Nun wird in den Sozialwissenschaften vielfach die Ansicht vertreten, diese Stereotypen seien willkürliche Festlegungen, die jeglicher natürlichen Grundlage entbehrten und ihre hartnäckige Fortdauer allein der Tatsache verdankten, daß sie von Generation zu Generation durch entsprechende Sozialisation weitergegeben würden (D'Andrade, 1966; Maccoby und Jacklin, 1974). Dies wird aber immer nur behauptet und nie empirisch belegt. Der Nachweis einer konsistenten geschlechtstypischen Sozialisierung steht nämlich noch aus. Soweit diesbezügliche Befunde vorliegen, ergeben sie ein widersprüchliches

Bild, an dem besonders hervorsticht, daß Mütter und Lehrer (auch männliche) bei kleinen Buben vorwiegend weibliche Verhaltensstile – also das Bravsein – belohnen, ohne dadurch aber offensichtlich verhindern zu können, daß diese sich dennoch wie typische Jungen verhalten (Fagot, 1985). Beobachtungen dieser Art lassen eine reine Sozialisationshypothese des geschlechtstypischen Verhaltens mehr als fraglich erscheinen. Nimmt man noch die frühe Manifestation der Geschlechtsunterschiede in der kindlichen Entwicklung, die tierischen Parallelen und die paläanthropologische Erkenntnislage hinzu, so spricht alles dafür, daß die Geschlechtsstereotypen nur Unterschiede akzentuieren, die in der Natur bereits begründet liegen. Sie mögen zwar übertreiben, und meist simplifizieren sie auch, aber ganz und gar erfunden sind sie eben doch nicht.

7. *Probleme für die weibliche Emanzipation*

Die Art der oben charakterisierten Geschlechtsunterschiede bringt es mit sich, daß beträchtliche Probleme für Frauen entstehen können, insbesondere, wenn diese sich in der beruflichen Karriere auf einen Wettbewerb mit Männern einlassen.

Bei den Buschleuten oder auch noch in der mittelalterlichen Gesellschaft gab es geschlechtsgetrennte Arbeitsbereiche, und die Frau war in ihrem Bereich ebenso unersetzlich wie der Mann in dem seinen. Sie produzierte wesentliche Dinge des täglichen Gebrauchs, was dazu führte, daß sie über ein relativ hohes Prestige verfügte. Heute haben Automatisierung und Kommerzialisierung das Leben der Hausfrau zwar erleichtert. Zugleich wurde diese ehedem weibliche Domäne jedoch abgewertet, weil sie jetzt vorwiegend Tätigkeiten umfaßt, die gar keine spezielle Kompetenz mehr erfordern, so daß sie auch der männliche Single sozusagen mit der linken Hand neben seiner eigentlichen Berufsarbeit bewältigen kann. Der scheinbare Fortschritt war also ein Danaergeschenk. Die Frau wird dadurch zwar von der Hausarbeit freigestellt, aber sie wird auch geradezu genötigt, in die Domäne des Mannes einzudringen und damit unvermeidlich in Konkurrenz zu diesem zu treten. Auf diese Form der Interaktion sind beide Geschlechter biologisch aber gar nicht vorbereitet, und wenn man sie dabei einfach sich selbst überläßt, gereicht dies regelmäßig und fast zwangsläufig der Frau zum Nachteil. Man muß sich nur vorstellen, was es bedeutet, wenn zwei Individuen miteinander interagieren, von denen das eine sich bereits von der Veranlagung her im statistischen Mittel eher expansiv und kompetitiv gebärdet und Mißerfolge leicht wegsteckt, während das andere reaktiv, selbstkritisch und für Schuldgefühle sensibel ist!

Auch hierzu gibt es eine Fülle empirischer Befunde, die alle in dieselbe Richtung weisen.

(1) Bereits in Kindergärten läßt sich regelmäßig feststellen, daß die Jungen die Mädchen dominieren, und zwar auch dann, wenn die Erziehungsphilosophie von der traditionellen Rollenvorstellung völlig abweicht, also z. B. in antiautoritären Kinderläden oder im Kibbuz (Hold, 1977; Merz, 1979; Spiro, 1979).

(2) In sportlichen Wettbewerbssituationen zeigen Mädchen drastisch schlechtere Leistungen, wenn sie gegen Jungen antreten, als wenn sie untereinander spielen. Aber auch unter sich sind sie weniger wettbewerbsorientiert als die Jungen. Diese versuchen unter Umständen selbst dann noch einen Ball zu fangen, wenn sich bereits acht Konkurrenten auf diesen stürzen und die Erfolgschancen für den Einzelnen erheblich reduziert sind. Mädchen zeigen in derselben Situation mehr Zurückhaltung, also eine viel realistischere Einschätzung. Vielfach ist dies auch durchaus die bessere Strategie, nur eben gerade nicht, wenn sie mit Jungen interagieren, bei denen sie dann überhaupt nicht mehr zum Zuge kommen (Cronin, 1980).

(3) Besonders deutlich ins Hintertreffen geraten Mädchen bei schulischer Koedukation. Diese wurde eigentlich eingeführt, um die Leistungsdefizite der Mädchen in Mathematik und den naturwissenschaftlichen Fächern aufzubessern. Wie kulturübergreifende Untersuchungen in gut einem Dutzend westlicher Nationen zeigen, müssen diese Bemühungen als gescheitert

angesehen werden. Die Leistungen der Mädchen haben sich nur kaum merklich verbessert, die der Jungen dagegen wurden deutlich schlechter. Das hat zwar zu einer Nivellierung des Unterschieds geführt, keinem jedoch etwas gebracht. Vor allem aber scheinen koedukative Bedingungen Mädchen direkt zu entmutigen, es in den „typisch männlichen" Fächern auch nur zu versuchen: Sie entscheiden sich für mathematisch-naturwissenschaftliche Wahlfächer seltener als ihre Kolleginnen in getrenntgeschlechtlichen Schulen (Merz, 1979).

Die Konfrontation mit dem anderen Geschlecht fördert offensichtlich den Eindruck eines Begabungsnachteils, und dies ganz unabhängig davon, ob dieser Eindruck zu Recht besteht. Es gibt tatsächlich einen gewissen Trend, daß Jungen im Durchschnitt etwas mehr mathematisch-technisch und Mädchen etwas mehr sprachlich begabt sind (Maccoby und Jacklin, 1974; Benbow, 1988). Da diese Begabungsdifferenzen im Mittel jedoch geringfügig sind, kommt der Motivation und der Selbsteinschätzung für den individuellen Erfolg eine viel entscheidendere Bedeutung zu. Gerade in dieser Hinsicht aber besteht ein folgenreicher Unterschied zwischen den Geschlechtern: Die Mädchen sind sensibler für die eigenen Begabungsnachteile als die Jungen.

(4) Kulturübergreifend läßt sich bei Jungen eine von Zweifeln ungetrübte Einschätzung der eigenen Kompetenz feststellen, genauer gesagt, eine Tendenz zur Selbstüberschätzung. Jungen halten z. B. ihre sprachliche Leistungsfähigkeit durchaus für hoch. Sie melden sich etwa bei einem Buchstabierwettbewerb auch dann, wenn sie genau wissen, daß ihre weiblichen Kontrahenten über die besseren Kenntnisse verfügen. Die Mädchen verhalten sich dagegen abwartend und kommen erst zum Zug, wenn die Antwort der Jungen falsch war (Cronin, 1980). Die Mädchen sind also nicht einmal dort, wo sie einen Begabungsvorteil aufweisen, in der Lage, diesen auch in entsprechender Weise zu nutzen. Die Benachteiligung entsteht einfach dadurch, daß sich das männliche Geschlecht in der Konfrontation als das draufgängerische und weniger selbstkritische besser in Szene zu

setzen vermag. Schon kleine Buben schätzen ihre Gewinnchancen höher ein. Mit Hartnäckigkeit halten auch männliche Jugendliche am positiven Bild vom eigenen Können fest, selbst wenn gegenteilige Erfahrungen sie eines Besseren belehren. So hat man amerikanische Collegestudenten, die jedes Semester eine Prüfung machen müssen, während des gesamten Studiums ihre Noten vorhersagen lassen. Männliche Studenten haben sich regelmäßig überschätzt, also jedes Mal erneut eine bessere Note erwartet, als sie wirklich erhielten; die Studentinnen haben sich genauso konsequent unterschätzt, und beide haben nichts daraus gelernt (Crandall, 1969).

Generell schlägt sich diese Haltung in einer unterschiedlichen Einstellung zu Erfolg und Mißerfolg nieder. Jungen neigen dazu, Erfolg im wesentlichen als Resultat der eigenen Kompetenz zu verbuchen, Mißerfolge dagegen auf Pech oder äußere Umstände zurückzuführen. Bei Mädchen besteht die Tendenz, sich bei Mißerfolg selbst die Schuld zu geben, während Erfolg nicht als Resultat des eigenen Könnens, sondern als „Glück gehabt" erlebt wird (Nicholls, 1975). Nun kann eine solche pessimistischere Einschätzung des eigenen Könnens durchaus eine Begleiterscheinung von Realismus sein, und Realismus ist oft die bessere Strategie, insbesondere dort, wo Risikobereitschaft dysfunktionell wäre. Nur ist dies eben keine gute Startbedingung für die Kompetition mit einem Geschlecht, das von solchen Selbstzweifeln weniger befallen wird. Derjenige, der sich mehr zutraut und sich durch Mißerfolge nicht einschüchtern läßt, hat natürlich auch die besseren Gewinnchancen. In der Konfrontation führt das dazu, daß Mädchen dann tatsächlich öfter die Erfahrung machen, schlechter abzuschneiden.

(5) Ein weiterer Faktor, der sich auf die weibliche Benachteiligung auswirkt, ist darin zu sehen, daß Leistungen immer an einem männlichen Ideal gemessen werden. Konsequentermaßen versuchen Frauen, es den Männern gleichzutun. Wie kommt es zu dieser Überbewertung alles Männlichen?

Im Allgemeinen wird sie auf ein kulturell bedingtes Männlichkeitsideal zurückgeführt, aufgrund dessen man den Jungen bevorzugt und ihm in der Sozialisation vermittelt, daß man ihn für wertvoller hält, während dem Mädchen in entsprechender Weise seine Minderwertigkeit zu verstehen gegeben wird. Tatsächlich reichen die Ursachen dieser Überbewertung aber tiefer. Primär unterscheiden sich kleine Jungen von kleinen Mädchen nämlich in einer Weise, die ganz unabhängig von kulturellen Präferenzen automatisch dazu führt, daß sie mehr *beachtet* werden. Das hängt wiederum damit zusammen, daß sie risikobereiter, unternehmender, angeberischer, unruhiger, kurzum *erziehungsschwieriger* sind, so daß den Bezugspersonen gar nichts anderes übrig bleibt, als sich mehr um sie zu kümmern. Mag dies nun in Form von Lob oder Tadel geschehen, auf jeden Fall machen Jungen die Erfahrung, daß ihre Aktivität Beachtung hervorruft. Kleine Mädchen dagegen gelten in der Pflege als „einfacher". Weil sie aber weniger auffallen und kaum Mühe machen, wird es auch als selbstverständlich erwartet, daß sie artig sind oder gute Schulnoten haben; sie werden dafür nicht besonders belohnt (Maccoby und Jacklin, 1974). Auch die typischen Tätigkeiten von erwachsenen Frauen sind unauffälliger. Das, was die Buschfrau zur Ernährung beiträgt, entspricht der Hausmannskost, die als das Übliche hingenommen wird. Wirklich spektakulär dagegen ist der Braten, den der Buschmann von Zeit zu Zeit herbeischafft und der dann Anlaß zu einem großen sozialen Ereignis wird.

Nun weiß man aus Untersuchungen an Primaten, daß eine tiefe Beziehung zwischen Ranghöhe und Aufmerksamkeitsstruktur in der Gruppe besteht (Chance und Jolly, 1970). Wem es gelingt, sich in den Mittelpunkt der Aufmerksamkeit zu rücken, der hat gute Aussichten, als ranghoch anerkannt zu werden. Er steht, wie die Sprache feinsinnig ausdrückt, in hohem „Ansehen". Beim Menschen hat dies die Konsequenz, daß Eigenschaften besondere Wertschätzung erfahren, die ein solches Ansehen herbeiführen. Da viele der als typisch männlich geltenden Tätigkeiten auffälliger sind und da es den Männern aufgrund ihres ererbten Imponierdranges gelingt, sie noch spektakulärer erscheinen zu lassen, werden sie auch höher bewertet als weibliche Tätigkeiten. Wenn nun die Jungen bereits im Kindesalter die Erfahrung machen, daß man auf ihr Tun mehr achtet als auf das der Mädchen, dann stärkt dies ihr Selbstbewußtsein und die Überzeugung, den Mädchen tatsächlich überlegen zu sein. Bei den Mädchen treten in diesem Alter gerade die gegenteiligen Effekte auf; und wenn sie dann später, zu physischer Attraktivität erblüht, ihrerseits ins Zentrum der Aufmerksamkeit rücken, so fällt es ihnen viel schwerer, diesen abrupt einsetzenden Zuwachs an Beachtung zu verarbeiten.

8. Schlußfolgerungen

Was lassen sich aus dem Gesagten für Folgerungen hinsichtlich einer Veränderung der bestehenden Geschlechtsrollenverteilung ableiten?

1. Die Maßnahmen, die heute vorgeschlagen werden, um die Benachteiligung von Frauen zu korrigieren, laufen im großen und ganzen darauf hinaus, ihnen gleiche Chancen einzuräumen, z. B. indem man den Zugang zu prestigeträchtigen Berufen durch Quotenregelung sicherstellt. So wünschenswert eine Verbesserung in dieser Hinsicht auch ist, so verbirgt sich hinter dem Ideal der Chancengleichheit doch vielfach die Fehlannahme, Gleichberechtigung sei dann schon sichergestellt, wenn man beide Geschlechter nur konsequent gleich behandle. Das bedeutet aber, daß man anlagebedingte Unterschiede gar nicht zur Kenntnis nimmt oder sich über ihre Auswirkungen keine Rechenschaft gibt. Tatsächlich führen sie, wenn man sie ignoriert, mit Sicherheit zu einer Polarisierung der Geschlechter und eben zur Benachteiligung der Frauen. Wirkliche Gleichberechtigung dagegen läßt sich nur erreichen, wenn man die Unterschiede ernst nimmt und in der Sozialisation ganz gezielt den Stärken und Schwächen jedes Geschlechts Rechnung trägt. Frauen müssen, wenn sie sich auf eine berufliche Karriere einlassen, durch geschlechtsspezifische Sozialisationsmaßnahmen auf die Konkurrenz mit Männern vorbereitet werden,

beispielsweise durch eine spezielle Desensibilisierung gegenüber Mißerfolgserlebnissen. Ob hier koedukative Bedingungen die optimale Ausgangsbasis darstellen, wird in Zukunft ernsthaft zu diskutieren sein. So zeigen neue Befunde aus den Vereinigten Staaten, daß Studentinnen mit Ausbildung an einer reinen Frauen-Universität in der beruflichen Karriere besser reüssieren als ihre Kolleginnen von den üblichen gemischtgeschlechtlichen Universitäten.

2. Eine völlige Nivellierung der Geschlechtsunterschiede scheint uns nicht wünschenswert. Eine solche Angleichung, wessen auch immer an wen, würde auf jeden Fall eine Verarmung darstellen und sich wahrscheinlich auch gar nicht durchführen lassen. Aber es muß jedem selbst überlassen bleiben, wie weit er hier gehen will. Aufgabe der Gesellschaft ist es nicht, dem Einzelnen seine Natur auszureden oder vorzuschreiben, sondern vielmehr, jedem und jeder zu ermöglichen, das zu tun, wozu er oder sie am meisten Interesse hat, wo er oder sie seine Stärken sieht, was ihm oder ihr am ehesten Erfüllung bringt.

3. Es gibt keinen Grund zur Annahme, daß eine berufliche Karriere den *einzigen* Weg zur weiblichen Selbstverwirklichung darstellt. Wenn eine Frau eigentlich am liebsten Kinder bekommen und in der Familie ihre Erfüllung finden möchte, so sollte man ihr nicht – wie es heute ein wenig der Trend ist – ein schlechtes Gewissen machen, weil sie keine Berufskarriere erstrebt. Allerdings sollten Hausfrauen eine finanzielle Entlohnung erhalten, und zwar in Form eines ernstzunehmenden, gesetzlich verankerten Gehaltes und nicht nur als Taschengeld. Dies wäre das sichtbare Zeichen einer gesellschaftlichen Anerkennung und Aufwertung dieser Tätigkeit, und zwar nicht nur nach außen, sondern auch für das Selbstverständnis derer, die sie ausüben.

4. Wenn eine Frau beide Rollen einnehmen möchte, dann müssen beide Rollen für sie auch gleichermaßen verwirklichbar sein. Untersuchungen über Frauen in Führungspositionen im Management zeigen, daß gerade diejenigen am erfolgreichsten sind, die es fertigbrachten, neben der Karriere auch ihre privaten

sozialen Beziehungen reich auszubauen, häufig in Form einer eigenen Familie mit Kindern (Hennig und Jardim, 1978). Während Männer der Berufstätigkeit eindeutig die Priorität vor der Familie geben, ist Beruf *und* Familie für die Selbstverwirklichung vieler Frauen von gleicher Bedeutung. Das bedeutet aber, daß man Frauen, die einen Beruf ausüben möchten, ermöglichen sollte, die berufliche Karriere mit Partnerschaft und Kindererziehung zu vereinbaren. Der Wiedereinstieg in das Berufsleben muß erleichtert, Teilzeitarbeit und Jobsharing müssen angeboten werden, auch wenn wirtschaftliche Erwägungen dagegen sprechen.

5. Wünschenswert, aber unter Umständen schwer zu verwirklichen wäre eine Relativierung der am Männlichkeitsideal orientierten Wertmaßstäbe. Das Problem liegt hier in der hohen Bewertung von Auffälligkeit, der wir alle anheimfallen. Wenn es Männern gelingt, ihre Tätigkeit in einer Weise auszuüben, die mehr Beachtung einträgt, dann hängt dies mit der aus vormenschlichen Zeiten ererbten Werbungsstrategie zusammen, die bis heute nicht ihre Wirksamkeit verloren hat. Frauen finden Männer noch immer besonders attraktiv, wenn diese dominantes bzw. imponierendes Verhalten zeigen. Dagegen ließe das gleiche Verhalten bei Frauen diese keineswegs als besonders begehrenswert erscheinen (Sadalla u. a., 1987). Die Lösung besteht also kaum darin, es dem Mann möglichst gleichzutun; vielmehr sollte der typisch weibliche Stil eine Aufwertung erfahren; hierin liegt wiederum eine wichtige Aufgabe für die Erziehung.

Wieweit all dies gesellschaftlich zu verwirklichen ist, läßt sich nicht vorhersagen, doch besteht hier auch wieder kein Grund zur Resignation. Der gesellschaftliche Wille zu einer Verbesserung der Situation der Frau ist heute vorhanden, und das ist eine der beiden Voraussetzungen für eine Veränderung der Verhältnisse. Die andere Voraussetzung aber wäre die deutliche Absage an ideologische Selbsttäuschungen bezüglich der natürlichen Veranlagungen, auf denen gesellschaftliche Maßnahmen aufzubauen haben, wenn sie von durchschlagendem Erfolg sein sollen.

Literatur

Badinter, E., Die Mutterliebe, München 1981

Benbow, C. P., Sex differences in mathematical reasoning ability in intellectually talented preadolescents. Their nature, effects and possible causes, in: Behavioral and Brain Science 11 (1988) 169–232

Bischof, N., Biologie als Schicksal? Zur Naturgeschichte der Geschlechterrollendifferenzierung, in: Bischof, N./Preuschoft, H., Geschlechtsunterschiede. Entstehung und Entwicklung, München 1980

Bischof, N., Das Rätsel Ödipus. Die biologischen Wurzeln des Urkonflikts von Intimität und Autonomie, München 1985

Bischof-Köhler, D., Zur Phylogenese menschlicher Motivation, in: Eckensberger, L. H./Lantermann, E.-D. (Hrsg.), Emotion und Reflexivität, München 1985

Blurton Jones, N., Ethological studies of child behavior, Cambridge 1972

Chance, M./Jolly, C., Social groups of monkeys, apes, and men, New York 1970

Charlesworth, W. R./Dzur, C., Gender comparisons of preschoolers behavior and resource utilization in group problem solving, in: Child Development 58 (1987) 191–200

Crandall, V. C., Sex differences in expectancy of intellectual and academic reinforcement, in: Smith, C. P. (Hrsg.), Achievement related motives in children, New York 1969

Cronin, C. L., Dominance relations and females, in: Omark u. a., 1980

Dannhauer, H., Geschlecht und Persönlichkeit, Berlin 1973

DeMause, L. (Hrsg.), The history of childhood, New York 1974

Draper, P., Social and economic constraints on child life among the Kung, in: Lee, R./De Vore, I. (Hrsg.), Kalahari hunter-gatherers, Cambridge 1976

Eibl-Eibesfeldt, I., Die Ko-Buschmann-Gesellschaft, München 1972

Ehrhardt, A., Prinzipien der psychosexuellen Differenzierung, in: Bischof, N./Preuschoft, H., München 1980

Hennig, M./Jardim, A., Frau und Karriere, Reinbek 1978

Hoffman, M. L., Sex differences in empathy and related behaviors, in: Psychol. Bulletin 84 (1977) 712–722

Hold, B., Rank and behavior. An ethological study of preschool children, in: Homo 28 (1977)

Lamb, M. E., The role of the father in child development, New York 1976

Lee, R. B., What hunters do for a living, or, how to make out on scarce resources, in: Lee, R. B./DeVore, I. (Hrsg.), Man the hunter, Chicago 1968

Maccoby, E. E./Jacklin, C. N., The Psychology of sex differences, Stanford 1974

Maccoby, E. E./Jacklin, C. N., Sex differences in aggression: A rejoinder and reprise, in: Child Development 51 (1980) 964–980

Merz, F., Geschlechtsunterschiede und ihre Entwicklung, Göttingen 1979

Moos, H. A., Early sex differences and mother-child interaction, in: Friedman, R. C./Richart, R. M./Van de Wiele, R. L./Stern, L. O. (Hrsg.), Sex differences in behavior, New York 1974

Neumann, F., Die Bedeutung von Hormonen für die Differenzierung des somatischen und psychischen Geschlechts bei Säugetieren, in: Bischof, N./Preuschoft, H., Geschlechtsunterschiede. Entstehung und Entwicklung, München 1980

Nicholls, J. G., Causal attributions and other achievement-related cognitions: effects of task-outcome, attainment, value and sex, in: J. of Personality and Social Psychology 31 (1975) 379–398

Omark, D. R./Strayer, F. F./Freedman, D. G., Dominance relations: An ethological view of human conflict and social interaction, New York 1980

Rosenstiel, L. v., Frauen in Führungspositionen der Wirtschaft (Publ. des Instituts für Absatz und Handel, Hochschule St. Gallen 2), St. Gallen 1986

Sadalla, E. K./Kenrick, D. T./Vershure, B., Dominance and heterosexual attraction, in: J. of Personality and Social Psychology 52 (1987) 730–738

Savin-Williams, R. C., Adolescence: an ethological perspective, Berlin 1987

Spiro, M. E., Gender and culture: Kibbutz woman revisited, Durham 1979

Trivers, R. L., Parental investment and sexual selection, in: Clutton-Brock, T. H./Harvey, P. H. (Hrsg.), Readings in Sociobiology Reading 1978

Alfons Weiser

Die Frau im Umkreis Jesu und in den urchristlichen Gemeinden

Aus der Formulierung des Themas ergibt sich die Gliederung des Beitrags: Es soll zunächst vom Verhalten Jesu gegenüber Frauen die Rede sein und sodann von den Frauen innerhalb der Gemeinden des Urchristentums.

1. Das Verhalten Jesu gegenüber Frauen[1]

Jesus lebte und wirkte in einem Milieu, das im privaten und öffentlichen Bereich weitgehend von der Vorherrschaft des Mannes geprägt war. Auf dem Hintergrund des zeitgenössischen Frühjudentums erscheint das Verhalten Jesu gegenüber Frauen sehr bemerkenswert. Es ist gekennzeichnet durch ein ungewöhnlich hohes Maß der Zuwendung, Offenheit und gleichwertigen Anerkennung. In den neutestamentlichen Zeugnissen zeigt sich dies an folgendem:

1.1 Jesus verkündete seine Botschaft vom Anbruch der Herrschaft Gottes unterschiedslos Männern und Frauen in Israel. Als eine Frau aus der zuhörenden Menge ausruft: „Selig der Schoß, der dich getragen, und die Brust, die dich genährt hat", preist Jesus alle, die das Wort Gottes hören und daraus leben (Lk 11,27). Seine unterschiedslose Zuwendung kommt auch gegenüber den Kranken zum Ausdruck. Jesus heilt die Schwie-

[1] Vgl. *H. Ringeling*, Frau. IV. Neues Testament, in: TRE 11 (1983) 431–436 (mit Literatur); *J. Blank*, Frauen in den Jesusüberlieferungen, in: G. Dautzenberg/H. Merklein/K. Müller (Hrsg.), Die Frau im Urchristentum (QD 95), Freiburg – Basel – Wien, Sonderausgabe ³1988, 9–91; *A. Weiser*, Miteinander Gemeinde werden, Stuttgart 1987, 63–65.

germutter des Petrus vom Fieber (Mk 1), eine Frau aus der Menge von einer Blutung (Mk 5), die Tochter einer Heidin von einem Leiden, das damals als Besessenheit galt (Mk 7), und eine verkrüppelte Frau am Sabbat (Lk 13). Da die Heilungen Jesu Zeichen für die anbrechende Herrschaft Gottes waren, zeigen sie, daß die Frauen in gleicher Weise wie die Männer an dem von Gott geschenkten und verheißenen Heil Anteil haben. Dies wird besonders deutlich in dem Wort, das Jesus bei der Heilung der verkrüppelten Frau spricht: „Diese aber, die ja eine *Tochter Abrahams* ist, soll am Sabbat von ihrer Fessel befreit werden!" (Lk 13,16). Das Wort erhält einen noch volleren Klang, wenn man es zusammen mit dem Wort hört, das Jesus über den Oberzöllner Zachäus sagt: „Heute ist seinem Haus Heil widerfahren, weil auch er ein *Sohn Abrahams* ist" (Lk 19,9). Die Rettung Jesu gilt hier dem Sohn, dort der Tochter Abrahams. Beide sind Glieder des zu rettenden Gottesvolkes und „gleichberechtigt" im Empfang der Erlösung.

1.2 Mehrere Szenen zeigen, wie Jesus Frauen vor Männern rettend in Schutz genommen hat. Man muß es noch zugespitzter sagen: Jesus erweist Frauen Rettung und Heil, während die Repräsentanten einer in Vorurteilen und religiösen Formen erstarrten Männergesellschaft von Jesus zurechtgewiesen werden. An zwei Szenen sei erinnert. Am Schluß des 7. Kapitels des Lukasevangeliums wird berichtet: Jesus nimmt am Gastmahl im Hause eines Pharisäers teil. Entsprechend der Gepflogenheit besteht die Mahlgemeinschaft aus Männern. Die Kennzeichnung des Gastgebers als Pharisäer weist darauf hin, daß man in dem Haus auf genaue Einhaltung der jüdischen Reinheits- und Speisevorschriften achtet. Da wird die „geschlossene Gesellschaft" jäh gestört. Eine in der Stadt als Sünderin bekannte Frau tritt ein, benetzt mit ihren Tränen die Füße Jesu, trocknet sie mit ihrem Haar, küßt sie und salbt sie mit kostbarem Öl. Ein unerhörtes Geschehen! Eine Frau in der Männerrunde! Eine Sünderin im Haus der kultisch Reinen! Darüber hinaus ein Verhalten anstößigster Art! Der Gastgeber denkt: Nun muß es sich zeigen, ob Jesus ein Prophet ist. Als solcher muß er wissen, wer die Frau ist und wie er sie zu behandeln hat. – Jesus erweist sich als Prophet und als noch mehr. Aber ganz anders, als der Pharisäer es sich dachte. Ihm macht Jesus deutlich, daß seine vermeintliche Gerechtigkeit und lieblose Verurteilung nicht zum Heile führen, daß aber die Sünderin um ihrer Liebe willen Vergebung empfängt. Jesus rettet die Frau vor der männlich-religiösen Geringschätzung und Verurteilung.

Ähnliches geschieht in der Szene, die am Anfang des 8. Kapitels im Johannesevangelium überliefert ist. Eine beim Ehebruch ertappte Frau wird von Schriftgelehrten und Pharisäern zu Jesus gebracht. Sie wollen ihn auf die Probe stellen. Der Überlieferung gemäß müßte die Frau gesteinigt werden. Aber anstatt dieses Urteil auszusprechen, sagt Jesus zu den Männern: „Wer von euch ohne Sünde ist, werfe als erster einen Stein auf sie.“ Als dies keiner wagt und einer nach dem anderen fortgegangen ist, sagt Jesus zur Frau: „Auch ich verurteile dich nicht.“ Das empfangene Heil und die neu gewährte Chance zum Leben können die Kraft zu einem künftig besseren Verhalten wecken. Deshalb fügt Jesus noch hinzu: „Geh und sündige von jetzt an nicht mehr!“

Jesus durchbrach die durch Vorrechte der Männer errichteten Schranken. Er trat zugunsten von Frauen ein, schenkte ihnen Heil und rettete sie aus ihrer gesellschaftlichen Benachteiligung.

1.3 Frauen waren auch im Eherecht des Frühjudentums benachteiligt. Es bedeutete zwar schon einen Fortschritt, daß eine Frau nicht einfach willkürlich aus der Ehe entlassen werden konnte. Zur Lösung des Ehebandes bedurfte es eines Scheidebriefs. Aber im Normalfall war nur der Ehemann berechtigt, ihn auszustellen.[2] Nach der Auffassung mancher Rabbinen genügte als

[2] Zu Sonderfällen vgl. *R. Geiger*, Die Stellung der geschiedenen Frau in der Umwelt des Neuen Testamentes, in: Dautzenberg, Die Frau (s. Anm. 1), 134–157, hier 141; *K. Müller*, Gesetz und Gesetzeserfüllung im Frühjudentum, in: K. Kertelge (Hrsg.), Das Gesetz im Neuen Testament (QD 108), Freiburg – Basel – Wien 1986, 11–45, hier

Grund schon, daß die Frau etwa die Suppe hatte anbrennen lassen. Andere meinten, es reiche als Scheidungsgrund nur der Nachweis ehelicher Untreue auf seiten der Frau aus. Die Ehefrau war jedenfalls in hohem Maße vom Mann abhängig. Wurde sie aus der Ehe fortgeschickt, so war sie wirtschaftlich oft ganz ungesichert. Die Entlassung brachte es fast zwangsläufig mit sich, daß sich die Frau um ihres Unterhalts willen einen neuen Partner suchen mußte. Durch die Bindung, die sie mit ihm einging, brach sie die Ehe.

Diese frühjüdischen Eherechtsverhältnisse sind vorausgesetzt bei dem Wort Jesu: „Jeder, der seine Frau entläßt, ... macht sie zur Ehebrecherin, und wer eine Entlassene heiratet, bricht die Ehe" (Mt 5,32/Lk 16,18). An anderer Stelle weist Jesus auf das Ungenügen der Scheidungspraxis hin und auf den hohen Wert ehelicher Treue (Mk 10). Sie bindet beide Ehepartner in gleicher Weise. In den Stellungnahmen Jesu liegt eine beachtliche Aufwertung der Personwürde der Frau. Ihre Würde wurzelt letztlich darin, daß sie zusammen mit dem Mann als „Ebenbild Gottes geschaffen" ist (Gen 1,27/Mk 10). Selbstverständlich müssen wir uns bei der Beurteilung vor einer Schwarzweiß-Malerei hüten. Auch im Frühjudentum galt die Frau nicht einfach als „Objekt" des Mannes. Sie wurde hochgeschätzt als Gattin, Mutter und Hausfrau. Es wirkt aber befremdlich, wie in der rabbinischen Überlieferung positive und negative Aussagen unmittelbar nebeneinander einhergehen.

1.4 Für einen Mann, zumal für einen Rabbi, gehörte es sich nicht, mit einer Frau öffentlich längere Zeit zu sprechen. Es galt die im Talmud überlieferte Weisung: „Man erzähle sich nichts mit der Frau auf der Straße, auch nicht mit der eigenen Frau, ... wegen des Geredes der Menschen."[3] Jesus verhielt sich demgegenüber auffallend frei und unbefangen. Das Johannesevangelium berichtet ein langes Gespräch, das Jesus mit einer samarita-

12–17; *G. Mayer*, Die jüdische Frau in der hellenistisch-römischen Antike, Stuttgart – Berlin – Köln – Mainz 1986, 78–82.

[3] Abboth d. Rabbi Nathan 2,1.

nischen Frau am Jakobsbrunnen führt. Ist der Dialog auch weithin von der Verkündigungsabsicht des Evangelisten bestimmt und von ihm kunstvoll gestaltet, so liegt doch zweifellos ein Verhalten Jesu zugrunde, das in seiner Umwelt befremdete. Im Text heißt es ausdrücklich: Die Jünger „wunderten sich, daß er mit einer Frau sprach" (Joh 4,27).

1.5 Jesus redete aber nicht nur mit dieser einen Frau in der Öffentlichkeit, sondern es gehörten auch Frauen zum Kreis seiner engeren Gefolgschaft. Am deutlichsten bezeugt dies Lukas: „Die Zwölf begleiteten ihn, außerdem einige Frauen, die er von bösen Geistern und von Krankheiten geheilt hatte: Maria Magdalena ..., Johanna, die Frau des Chusa, eines Beamten des Herodes, Susanna und viele andere" (Lk 8,2f).

Daß inmitten dieser Gefolgschaft den „zwölf Aposteln" im Unterschied zu den Frauen eine besondere Bedeutung zukam, ist angesichts der Sendung Jesu verständlich. Er wußte sich mit seiner Botschaft vom Anbruch des Reiches Gottes gesandt, Israel als das endzeitliche Gottesvolk zu sammeln. Die „Zwölf" wiesen zeichenhaft auf die „zwölf Stämme Israels" hin. Da diese aber mit den Männernamen der zwölf Stammväter verbunden waren, eigneten sich als Zeichen für das zu sammelnde Israel zwölf Männer besser als Frauen. Außerdem empfahl es sich nicht, in der damals männlich geprägten Kultur und Gesellschaft Frauen mit der Verkündigung der Botschaft zu beauftragen. Diese zeit- und kulturbedingten Einschränkungen dürfen jedoch nicht zum Maßstab für die Kirche in unserer Zeit gemacht werden. Schon gar nicht dürfen diese geschichtlichen Bedingtheiten *theologisch* ausgemünzt und als Argumente gegen die Beteiligung der Frauen an der Mitverantwortung in der Kirche sowie an den Diensten und Dienstämtern ins Feld geführt werden. Dies ist ebenso irreführend wie die oft zu hörende Begründung, Jesus sei eben ein Mann und nicht eine Frau; deshalb ergebe sich aus der so beschaffenen Ordnung des Heils eine entsprechende Ordnung der Kirche und ihrer Dienste.

1.6 Nicht nur das Verhalten Jesu den Frauen gegenüber ist bemerkenswert. Es fällt auch umgekehrt das Verhalten der Frauen Jesus gegenüber auf. Während ihn „alle Jünger verließen und flohen" (Mk 14,50) und Petrus ihn sogar ängstlich vor einer Magd verleugnete, verließen ihn die Frauen, die mit Jesus von Galiläa bis nach Jerusalem gekommen waren, auch im Leiden nicht. Die Evangelien des Markus, Matthäus und Lukas teilen ausdrücklich mit, daß „Frauen, die ihm von Galiläa gefolgt waren, von weitem" bei seiner Kreuzigung zuschauten (Mk 15,40 par Mt/Lk). Sie gingen den Weg der Nachfolge mit Jesus weiter mit als seine Jünger. Manche dieser Frauen, zum Beispiel Maria Magdalena, waren auch bei der Bestattung Jesu durch Josef von Arimathäa anwesend.

Nach dem Zeugnis aller vier Evangelien wurde den Frauen von Galiläa am dritten Tag nach Jesu Hinrichtung als ersten die Osterbotschaft zuteil.[4] Johannes berichtet sogar, daß der Auferstandene selbst zuerst Maria Magdalena erschien (Joh 20). Matthäus sagt Ähnliches; nur erwähnt er dabei auch die anderen Frauen (Mt 28). Es gab jedoch bereits in urchristlicher Zeit Bestrebungen, die Tatsache zu verschweigen, daß der Auferstandene zuerst Frauen erschienen sei. Statt dessen erwähnte man nur das Erscheinen vor Männern (z. B. 1Kor 15). Die engere Bindung des Osterzeugnisses an die Apostel sollte dessen Glaubwürdigkeit verstärken. Zugleich sollte die Hervorhebung des Erscheinens vor den „Zwölf" deutlich machen, daß Jesus durch seine Auferstehung das endzeitliche Gottesvolk einen weiteren entscheidenden Schritt seiner Vollendung entgegengeführt hat.

Die Bedeutung der Frauen will dennoch beachtet sein. Alle vier Evangelien teilen übereinstimmend mit, daß den Frauen am Grab Jesu aufgetragen wurde, die Botschaft von der Auferwekkung Jesu den Jüngern zu verkünden. In den ersten Jahrhunderten der Kirche bezeichnete man sie deshalb als „Apostel der

[4] Vgl. *H. Ritt*, Die Frauen und die Osterbotschaft, in: Dautzenberg, Die Frau (s. Anm. 1), 117–133.

Apostel". Die Frauen gelten als die ersten, die die Osterbotschaft hörten, sie glaubend annahmen und weitersagten.

Der Blick auf das Verhalten Jesu und auf die Darstellung der Evangelien zeigt Wesentliches und bisher oft nicht genügend Beachtetes: Das befreiende Wirken Jesu galt unterschiedslos Männern und Frauen.

Jesus nahm Frauen rettend in Schutz gegenüber männlich-religiöser Geringschätzung und lebensbedrohender Verurteilung. Jesus machte die in der Schöpfungsordnung wurzelnde Personwürde von Mann und Frau sowie die daraus sich ergebende partnerschaftliche Gleichberechtigung in der Ehe bewußt. Er durchbrach zeit- und kulturbedingte Gepflogenheiten und wertete die Bedeutung der Frau in der Öffentlichkeit auf. Er bezog Frauen in den Kreis seiner Gefolgschaft ein.

Die neuartige Umgangsweise Jesu mit den Frauen erwuchs nicht aus einem sozialen Reformwillen. Sie hatte religiöse Motive und hing engstens mit Jesu Botschaft vom Anbruch der Gottesherrschaft zusammen: Die Liebe Gottes gilt allen, die er als sein Ebenbild, nämlich als Mann und Frau, erschaffen hat.

Jesu auffälliges, befreiendes Verhalten blieb nicht ohne Wirkung auf die sich bildenden urchristlichen Gemeinden. Es war eine „Initialzündung … für die gesellschaftliche und religöse Stellung der Frau in der Kirche und über diese hinaus … Jesus erlöste die Frau durch sein unbekümmertes Verhalten grundsätzlich in eine neue gesellschaftliche Stellung … Die Frauen sind nun wie selbstverständlich in den Zusammenkünften der Jünger dabei; sie haben im Gemeindeleben ihre wichtigen Aufgaben."[5] Dies soll im Folgenden aufgezeigt werden.

[5] *H. Schürmann*, Das Lukasevangelium I (HThK III/1), Freiburg – Basel – Wien 1969, 446f.; vgl. *Weiser*, Gemeinde (s. Anm. 1), 64.

2. Die Frau in den urchristlichen Gemeinden

Die neutestamentlichen Schriften bezeugen, daß Frauen von Anfang an als vollwertige Glieder zu den urchristlichen Gemeinden gehörten, daß sie selbst erheblich zur Verbreitung des Evangeliums beitrugen und daß sie in aktiver Mitverantwortung am Gemeindeleben beteiligt waren.

2.1 Die Zugehörigkeit zu den Gemeinden

2.1.1 Bei der Schilderung der Anfänge und des Lebens der Urgemeinde Jerusalems hebt Lukas hervor, daß zu ihr außer den Jüngern Jesu auch Frauen gehörten, unter ihnen „Maria, die Mutter Jesu" (Apg 1,14). Im Verhältnis zu den religiösen Lebensformen der jüdischen und heidnischen Umwelt war die vollwertige Zugehörigkeit der Frauen zur Gemeinde keine Selbstverständlichkeit. Sie hatte ihre Wurzeln im Verhalten Jesu und in der von ihm angebahnten Zugehörigkeit der Frauen zum vorösterlichen Jüngerkreis. Die Frauen gehören zur Grundlegung und zu den Anfängen der Kirche. Dies zeigt auch ein Überblick über andere urchristliche Gemeinden. Man denke nur an die ausdrücklichen Erwähnungen, daß sich „Männer und Frauen" den Gemeinden anschlossen (z. B. Apg 8,12), an die an Männer und Frauen gerichteten Anweisungen (z. B. 1 Kor 11; Kol 3,18–4,1; Eph 5,22–6,9; Tit 2) sowie an die namentlich genannten Frauen, z. B. Tabita in Joppe (Apg 9,36), Eunike in Lystra (Apg 16,1; 2 Tim 1,5), Apphia und Nympha im westlichen Kleinasien (Phlm 2; Kol 4,15), Lydia, Euodia und Syntyche in Philippi (Apg 16,14; Phil 4,2), Damaris in Athen (Apg 17,34), Phöbe und Chloe in Korinth (Röm 16,1; 1 Kor 1,11), Priska, Maria, Junia, Tryphäna, Tryphosa und Julia in Rom (Röm 16,3–16).

2.1.2 Mehrere Gründe hatten dazu geführt, daß der Anteil von Frauen an den urchristlichen Gemeinden groß war.[6] Der

[6] Vgl. *A. Weiser*, Die Rolle der Frau in der urchristlichen Mission, in: Dautzenberg, Die Frau (s. Anm. 1), 158–181, hier 164–167.

wichtigste Grund bestand in dem oben schon ausgeführten Impuls, der von Jesus ausgegangen war. Außerdem spielten aber noch folgende Gründe eine erhebliche Rolle:

(a) Das Bewußtsein, zum endzeitlichen Gottesvolk zu gehören, in dem Gott seinen Heiligen Geist unterschiedslos Männern und Frauen schenkt. Lukas läßt Petrus in der Pfingstpredigt aussprechen, daß nun in Erfüllung gegangen ist, was Gott durch den Propheten Joel verheißen hat: „... Ich werde von meinem Geist ausgießen über alles Fleisch. Eure Söhne und Töchter werden prophezeien ... Auch über meine Knechte und Mägde werde ich von meinem Geist ausgießen in jenen Tagen, und sie werden prophezeien" (Apg 2,17f).

(b) Die Taufe als Initiationsritus. Von Anfang an bestand nie ein Zweifel darüber, daß die Taufe als Zeichen der Zugehörigkeit zu Christus und der Gemeinschaft der Kirche Männern und Frauen in gleicher Weise zu spenden sei. Darin drückt sich die Überzeugung aus, daß ein jeder Mann und eine jede Frau unterschiedslos, vollwertig und unmittelbar Anteil am eschatologischen Gottesvolk erhalten. Im Unterschied zur jüdischen Auffassung über das Bundeszeichen der Beschneidung bedeutete dies eine erhebliche Aufwertung der Frau.

(c) Die urchristliche Besinnung auf die Bedeutung des Heilswerkes Christi. Paulus schreibt den Christen der Gemeinden Galatiens, daß sie alle durch den Glauben und die Taufe Söhne Gottes geworden und geeint in Jesus Christus sind, so daß es da „nicht Juden und Griechen, Sklaven und Freie, Männliches und Frauliches gibt" (Gal 3,26–28). Die weiterbestehenden Unterschiede wirken sich nicht mehr nachteilig aus für die Teilhabe an dem von Christus vermittelten Heil und für die Gemeinschaft der Glaubenden.[7] Diese urchristliche Einsicht ist ein weiterer Grund

[7] Welche Konsequenzen sich aus Gal 3,28 ergeben, ist kontrovers. Vgl. verschiedene Stellungnahmen bei *K. Thraede*, Ärger mit der Freiheit. Die Bedeutung von Frauen in Theorie und Praxis der alten Kirche, in: G. Scharffenorth/K. Thraede (Hrsg.), „Freunde in Christus werden ..." Die Beziehung von Mann und Frau als Frage an Theologie und Kirche, Gelnhausen – Berlin 1977, 31–182, hier 102f; *G. Dautzenberg*, „Da ist nicht männlich und weiblich". Zur Interpretation von Gal 3,28, in: Kairos 24 (1982) 181–206.

für die Selbstverständlichkeit, mit der Frauen von Anfang an vollwertig zu den christlichen Gemeinden gehörten.

(d) Der Weg urchristlicher Mission auf den vom Judentum vorgeprägten Bahnen. Die urchristliche Missionsarbeit begann bei den Juden und gelangte über die „Gottesfürchtigen" zu den Heiden. Dabei spielten die jüdischen Synagogen sowohl innerhalb wie außerhalb Palästinas eine große Rolle.[8] Sie waren nicht nur der Versammlungs- und Gebetsraum der jüdischen Gemeinden, sondern auch der zu ihnen gehörenden Proselyten und „Gottesfürchtigen". Da es gerade unter ihnen sehr viele Frauen gab,[9] ist es verständlich, daß dieser große Frauenanteil auch der christlichen Mission zugute kam.

(e) Sozialgeschichtliche Faktoren. Der Weg der urchristlichen Mission ging vorwiegend über die Städte. Die soziale Schichtung der hellenistisch-kaiserzeitlichen Stadtbevölkerung, in der die Frauen wirtschaftlich, gesellschaftlich und religiös zum Teil beachtliche Selbständigkeit besaßen,[10] hat auch Einfluß auf die soziale Zusammensetzung der christlichen Gemeinden ausgeübt. Der große Anteil der Frauen in ihnen erklärt sich zum Teil auch von daher.[11]

[8] Nach Apg 9.20; 13,5.14; 14,1; 17,10.17; 18,4; 19,8 u. ö. beginnt Paulus seine Missionswirksamkeit jeweils in der Synagoge. Diese schematische Darstellungsweise entspricht zwar ganz der lukanischen Konzeption, und nicht jede Einzelangabe verbürgt historische Zuverlässigkeit; aber aufs Ganze gesehen hat diese Sicht genügend Anhalt in der geschichtlichen Wirklichkeit, wie z. B. Röm 1,16; 10,14–20; 1 Kor 9,20f; 2 Kor 11,24f zeigen. Vgl. *A. Weiser*, Die Apostelgeschichte, Bd. 2 (ÖTK 5/2), Gütersloh – Würzburg 1985, 330.

[9] Z. B. für Damaskus belegt durch *Josephus*, Bell. II 20,2: Die Frauen der Damaskener waren „mit wenigen Ausnahmen der jüdischen Gottesverehrung ergeben". – In Rom gehörten u. a. die vornehmen Frauen Beturia Paulina (CIL VI 29756), Flavia Antonina (CIG 9903), Fulvia (Josephus Ant XVIII 3,5) und die Gattin Neros, Poppaea, (Josephus Ant XX 8,11; Vita 3) zu ihnen. Vgl. *Thraede*, Ärger (s. Anm. 7), 94.

[10] Vgl. *Thraede*, Ärger (s. Anm. 7), 35–98; *ders.*, Frau, in: RAC 8 (1972) 197–269.

[11] Zu den wirtschaftlich wohlhabenden und sozial höher stehenden Frauen werden zu rechnen sein Tabita (Apg 9,36.41), Maria (Apg 12,12f), Lydia (Apg 16,14f), Priska (Apg 18,2.18f.26; Röm 16,3–5; 1 Kor 16,19), Phöbe (Röm 16,1f), Chloe (?) (1 Kor 1,11), Nympha (?) (Kol 4,15) und die summarisch Apg 13,50; 17,4 Genannten. Dem Sklavenstand gehören Rhode (Apg 12,13) und vielleicht Persis (Röm 16,12) an. „Das hellenistische Urchristentum ist weder eine proletarische Bewegung unterer Schichten gewesen, noch eine Angelegenheit gehobener Schichten. Charakteristisch für seine soziale Struktur ist vielmehr, daß es verschiedene Schichten umfaßte" (*G. Theißen*, Soziale Schichtung in der korinthischen Gemeinde. Ein Beitrag zur Soziologie des

(f) Die Bedeutung der Hausgemeinden. Ein weiterer religions- und sozialgeschichtlicher Grund dafür liegt in der Bedeutung, die die Hausgemeinden[12] für die Ausbreitung des frühen Christentums hatten. Spielten schon im Heidentum häusliche Kultfeiern der Familien und Mysterienvereine eine große Rolle, so erweisen sich „die jüdischen Haussynagogen (als) das eigentliche Vorbild für die neu entstehenden christlichen Hausgemeinden“[13]. Die soziale Zusammensetzung konnte sehr verschieden sein, aber sie war offen für Männer und Frauen, für Christen jeden Standes, jeder Bildungsschicht und Herkunft. Neben der Großgemeinde waren die Hausgemeinden für Paulus der Ort, „wo die in der Antike besonders gravierenden soziologischen und ethnisch-religiösen Barrieren zwischen Juden und Heiden, Freien und Unfreien, Männern und Frauen, Hoch und Niedrig, Gebildet und Ungebildet zerbrochen und vergleichgültigt wurden zugunsten und von der einen neuen Bindung aller an Christus als den Herrn“[14].

Im Unterschied zu einer weitverbreiteten Sicht zeigt die neuere Erforschung der „Haustafelethik“, daß z. B. in Kol 3,18–4,1 und Eph 5,22–6,9 nicht einfach *irgendein* oder sogar *das* patriarchalische Ordnungssystem der Antike Einfluß gewonnen hat.[15] Die Texte sprechen im Rahmen der antiken

hellenistischen Urchristentums, in: *ders.*, Studien zur Soziologie des Urchristentums, [WUNT 19], Tübingen 1979, 231–271, hier 267). Ähnlich urteilt *H. Cancik*, Die neutestamentlichen Aussagen über Geschlecht, Ehe, Frau, in: ders. u. a. (Hrsg.), Zum Thema Frau in Kirche und Gesellschaft, Stuttgart 1972, 9–45, hier 25 („untere Mittelklasse mit Aufstiegstendenz“) und 33 („mittleres und unteres Bürgertum“).

12 Vgl. *P. Stuhlmacher*, Der Brief an Philemon (EKK 18), Zürich – Neukirchen-Vluyn 1975, 70–74 (mit Lit.); *H.-J. Klauck*, Hausgemeinde und Hauskirche im frühen Christentum (SBS 103), Stuttgart 1981; *J. Gnilka*, Der Philemonbrief (HThK 10/4), Freiburg – Basel – Wien 1982, 17–33; *Weiser*, Gemeinde (s. Anm. 1), 27–33.

13 *Stuhlmacher*, Philemon (s. Anm. 12), 73.

14 Ebd. 74.

15 Vgl. *D. Lührmann*, Wo man nicht mehr Sklave oder Freier ist. Überlegungen zur Struktur frühchristlicher Gemeinden, in: WuD 13 (1975) 55–83; *ders.*, Neutestamentliche Haustafeln und antike Ökonomie, in: NTS 27 (1981) 83–97; *K. Thraede*, Zum historischen Hintergrund der „Haustafeln“ des NT, in: E. Dassmann/K. S. Frank (Hrsg.), Pietas, FS B. Kötting (JAC Ergänzungsband 8), Münster 1980, 359–368; *F. Laub*, Die Begegnung des frühen Christentums mit der antiken Sklaverei (SBS 107), Stuttgart 1982, 19–39; *ders.*, Sozialgeschichtlicher Hintergrund und ekklesiologische Relevanz der neutestamentlich-frühchristlichen Haus- und Gemeinde-Tafelparänese –

Ökonomik nicht nur vom Vorrang des Hausherrn gegenüber der Ehefrau, den Kindern und Sklaven, sondern auch von *gegenseitig* bestehenden Pflichten. Urchristliche Gemeinden vollzogen damit eine bewußte Stellungnahme in einem sozialethischen Richtungsstreit innerhalb ihres soziokulturellen Milieus. Sie entschieden sich zugunsten einer „humanisierenden Mittelposition"[16] zwischen strengem Patriarchalismus und radikaler Emanzipation.

2.2 Die aktive Mitwirkung in den Gemeinden und in der Missionsarbeit

Nicht nur die Zugehörigkeit vieler Frauen zu den urchristlichen Gemeinden, sondern auch ihre aktive Teilhabe am Gemeindeleben und an der Ausbreitung des Evangeliums werden im Neuen Testament vielfältig bezeugt. Die vollwertige Zugehörigkeit der Frauen zur Gemeinde bedeutete, daß sie selbstverständlich an allen Lebensvollzügen Anteil hatten, nämlich daß sie „festhielten an der Lehre der Apostel, an der Gemeinschaft, am Brotbrechen und an den Gebeten" (Apg 2,42).

2.2.1 Prophetie und Gebet. Daß Frauen in gleicher Weise wie Männer im Gemeindegottesdienst öffentlich prophezeiten und beteten, geht besonders deutlich aus den Anweisungen hervor, die Paulus der Gemeinde von Korinth gibt (1 Kor 11,4f). Paulus setzt dies auch für die anderen „Gemeinden Gottes" voraus (1 Kor 11,16). Der Unterschied zum Judentum ist bemerkenswert. In ihm nahmen Frauen nur passiv am Gottesdienst teil. Auch in den antiken Mysterienvereinen hatten die Frauen keine vergleichbare Stellung. – In 1 Tim 5,3–16 ist in ausführlicher Weise vom Stand der Witwen innerhalb der Gemeinden die Rede. Trotz vieler offener Fragen zum Verständnis dieses Textes und des urchristlichen Witweninstituts ist eines deutlich: Im

ein Beitrag zur Soziologie des Frühchristentums, in: MThZ 37 (1986) 249–271; *K. Müller*, Die Haustafel des Kolosserbriefes und das antike Frauenthema, in: Dautzenberg, Die Frau (s. Anm. 1), 263–319; *P. Fiedler*, Haustafel, in: RAC 13 (1986) 1063–1073.

[16] *Müller*, Haustafel (s. Anm.15), 264–290; 299–310; 318.

Gebet (V. 5) ist „die einzige sichere, quasi-amtliche Funktion der Gemeindewitwen zu erkennen ... Das unablässige Gebet war ... der spezifische Auftrag der Kirche an den Stand der Witwen."[17]

2.2.2 Hilfe für Notleidende. Männer und Frauen der urchristlichen Gemeinden waren durch das Beispiel und die Weisungen Jesu motiviert, Notleidenden zu helfen, und sie taten dies auch.[18] Ein Beispiel derartig tatkräftiger Nächstenliebe ist Tabita. Ihre Gestalt begegnet in einer „missionstheologischen" Erweckungserzählung (Apg 9,36–42).[19] An der Frau, die von Petrus erweckt wird, haftet ein verhältnismäßig großes Interesse der Erzählung: Es wird ihr Name mitgeteilt, der sowohl im Aramäischen wie Griechischen „Gazelle" bedeutet und auch sonst belegt ist. Sie wird als Jüngerin charakterisiert. Diese Bezeichnung kommt nur dieses eine Mal im Neuen Testament vor. Es wird sodann hingewiesen auf ihre guten Werke (V. 36), womit wohl das Anfertigen der Kleidung und Wäsche für hilfsbedürftige Witwen (V. 39) gemeint ist, und auf die Unterstützung Armer durch Almosen. Daß die karitativ dienende Nächstenliebe, wie Tabita sie übte, auch werbend für das Christentum gewirkt hat, geht u. a. aus Apg 2,46; 5,13 hervor, wo von der Hochschätzung dieser christlichen Grundhaltung durch Außenstehende die Rede ist.

2.2.3 Fürsorge für Missionare. Ähnlich wie Frauen schon Jesus und sein Wirken durch materielle und persönliche Hilfe unterstützt haben (Lk 8,1–3), taten dies auch Frauen gegenüber urchristlichen Missionaren. Lydia „drängte" geradezu Paulus und seine Begleiter zu einem Aufenthalt in ihrem Haus (Apg 16,15). Die Gemeinde von Philippi blieb Paulus auch

[17] *N. Brox*, Die Pastoralbriefe (RNT 7), Regensburg ^{4}1969, 189.

[18] Man denke etwa an die in der Urgemeinde geübte Nächstenliebe (Apg 2,42–46; 4,32–37; 6,1–6), die als Grundhaltung der Christen trotz lukanischer Gestaltung der Summarien nicht zu bezweifeln ist; an die Kollekte für Jerusalem (Apg 11,27; Röm 15,25–28; 1 Kor 16,1–4; 2 Kor 8,6–15); an die vielfältigen, z. T. auch karitativen Dienste in Korinth (1 Kor 12) und Rom (Röm 12).

[19] Näheres dazu bei *Weiser*, Apostelgeschichte (s. Anm. 8), Bd. 1 (1981), 235–245; *ders.*, Rolle der Frau (s. Anm. 6), 169f.

weiterhin durch materielle Unterstützung und persönliche Kontakte besonders verbunden (Phil 4,10–19). Er erwähnt zwar in seinem Dank an die Gemeinde weder Lydia noch andere Frauen eigens, aber es ist anzunehmen, daß gerade Frauen es waren, die in besonderer Weise für ihn Sorge trugen. Im Brief an die Gemeinde nach Rom schreibt er, daß die Mutter des Rufus auch für ihn selbst „zur Mutter geworden ist" (Röm 16,13). – Priska und Aquila haben „ihr eigenes Leben für ihn aufs Spiel gesetzt" (Röm 16,4), d. h., sie retteten ihm in einer auch für sie äußerst gefährlichen Lage das Leben. Es ist ungewiß, welche Situation Paulus im Blick hat. Zu denken wäre wohl an Gefährdungen in Korinth oder Ephesus. – Der Gemeinde in Rom empfiehlt er Phöbe an. Man soll ihr helfend beistehen, „denn auch sie ist für viele ein Beistand geworden, auch mir persönlich" (Röm 16,2).

2.2.4 Dienst in den Hausgemeinden. Die große Bedeutung der Hausgemeinden für das Urchristentum wurde oben schon erwähnt. Im Neuen Testament werden ohne Unterschied Männer und Frauen genannt, die je nach Vermögen in der Lage und dazu bereit waren, ihr Haus für die Zusammenkünfte der ganzen Gemeinde oder einzelner Teilgruppen zur Verfügung zu stellen. In Jerusalem war es Maria, die Mutter des Johannes Markus, in deren Haus sich Christen versammelten (Apg 12,12f). In Philippi ließ sich Lydia „mit ihrem Haus" taufen (Apg 16,15). Begründete dieses Geschehen selbst schon eine Hausgemeinde, so stellt sich dieselbe überdies als ein gewisses Zentrum der Missionsgemeinde in Philippi dar, wenn es heißt, daß Paulus und Silas später bei ihrem Abschied im Hause Lydias „die Brüder sahen, sie ermahnten und dann fortgingen" (16,40). Die Hausgemeinde des Ehepaares Priska und Aquila ist für die Zeit ihres Aufenthalts in Ephesus (1Kor 16,19; 2Tim 4,19) und Rom (Röm 16,5) bezeugt. Ebenfalls in Rom ist um Philologus und Julia, Nereus mit seiner Schwester und Olympas eine Hausgemeinde geschart; denn sie werden von Paulus gegrüßt mit „allen Heiligen, die bei ihnen sind" (Röm 16,15). In Laodizäa ist es Nympha, die mit der „Gemeinde in ihrem Haus" Grüße erhält (Kol 4,15). Philemon und seine Frau Apphia stehen einer Hausgemeinde in oder um Kolossä vor (Phlm 1f). An sie richtet Paulus den Philemonbrief. Ungewiß ist, ob auch Chloe Christin war und ob „die Leute der Chloe", die Paulus Nachrichten aus Korinth übermittelten (1Kor 1,11), zu ihrer Hausgemeinde gehörten. Manche der erwähnten Frauen waren selbständig, wie etwa Maria, Lydia und Nympha; andere werden zusammen mit ihrem Ehemann genannt, so Priska, Julia und Apphia. Da Priska im Verhältnis zu Aquila mehrmals an erster Stelle genannt wird (Apg 18,18.26; Röm 16,3; 2Tim4,19), ist anzunehmen, daß sie auch in den Hausgemeinden die bedeutendere Rolle spielte. Die den Hausgemeinden vorstehenden Frauen und Männer stellten sicher nicht nur die Räumlichkeiten zur Verfügung und schufen sicher nicht nur die für die Zusammenkünfte und Gottesdienste nötigen äußeren Bedingungen. Sie werden wohl auch ganz selbstverständlich die Gottesdienste geleitet haben durch Gebete, Verkündigung, Prophetie und weitere Funktionen der liturgischen Feier. Im Blick auf die Hausgemeinden wird nirgendwo im Neuen Testament ein Unterschied zwischen den Rollen der Frauen und Männer artikuliert,[20] und im Blick auf umfassendere Gemeindegottesdienste kommt er erst in später Zeit aus antignostischer Tendenz und unter jüdischem Einfluß in 1Tim 2,11f und in der davon abhängigen Interpolation 1Kor 14,34f zum Ausdruck (siehe dazu unten).

2.2.5 Phöbe als „Diakonin". Außer der schon erwähnten persönlichen Hilfe, die Phöbe in der Hafengemeinde Kenchreä bei Korinth Paulus erwies, heißt es von ihr, daß sie „Diakonin in der Gemeinde" gewesen sei (Röm 16,1). Paulus verwendet für Phöbe die gleiche Bezeichnung, mit der er die am Leitungsdienst der Gemeinde von Philippi beteiligten Männer anredet (Phil 1,1). Die Übereinstimmung der titularen Bezeichnung läßt

[20] Ob er stillschweigend vorausgesetzt ist, wenn es etwa Apg 2,46 heißt: „Sie brachen in den Häusern das Brot", insofern hier der im Judentum üblicherweise durch den Hausvater vorgenommene mahleröffnende Ritus des Brotbrechens durchscheint, der dann zur Bezeichnung des ganzen eucharistischen Mahles wurde? Aber selbst wenn dies der Fall wäre, so müßte dies nicht in gleicher Weise für heidenchristliche Gemeinden gelten.

auf die gleiche Art des Verkündigungs- und Leitungsdienstes schließen.[21]

2.2.6 Missionarischer Verkündigungsdienst. Paulus grüßt das Ehepaar Priska und Aquila als „Mitarbeiter in Christus Jesus“ und spricht ihnen gegenüber vom Dank „aller heidenchristlichen Gemeinden“ (Röm 16,3f). Dies und die Erwähnung der Frau an erster Stelle sind Hinweise auf die aktive Verkündigung, die Priska ausgeübt hat. Desgleichen läßt die paulinische Ausdrucksweise, daß sich die in Rom lebenden Frauen Maria, Tryphäna, Tryphosa und Persis „abgemüht“ haben (Röm 16), an aktiven missionarischen Einsatz denken; denn ebenso wie der Ausdruck „Mitarbeiter“ kennzeichnet das Wort im Neuen Testament den aktiven missionarischen Dienst. In die gleiche Richtung weist, daß Paulus von Euodia und Syntyche in Philippi sagt, sie haben mit ihm, mit „Klemens und den anderen Mitarbeitern für das Evangelium gekämpft“ (Phil 4,3). Aus der Verwendung des gleichen Ausdrucks in Phil 1,27f geht hervor, daß es sich dabei um die geistige, mit Worten geführte Auseinandersetzung mit nichtchristlichen Gegnern handelte. Die Frauen Euodia und Syntyche haben so durch ihren aktiven Einsatz die Gemeinde von Philippi mit grundgelegt.

2.3 Gegenläufige Tendenzen: Die Frau schweige!

Die Impulse, die von Jesus ausgegangen waren, führten in den urchristlichen Gemeinden noch nicht zu einer grundsätzlichen Neuorientierung im Verhältnis von Mann und Frau. Es wurden noch längst nicht alle notwendigen Folgerungen gezogen. Unter anderem wird dies am patriarchalischen Sprachgebrauch deutlich. Obwohl z. B. in den Briefen Männer und Frauen als Gemeindeglieder gemeint sind, werden nur die „Brüder“ in der Anrede genannt. Auch sonst wirkten hemmende Einflüsse jüdischer und hellenistisch-römischer Gesellschaftsordnung auf die Gemeinden ein. Der Satz „Die Frauen sollen im Gemeinde-

[21] Vgl. *G. Lohfink*, Weibliche Diakone im Neuen Testament, in: Dautzenberg, Die Frau (s. Anm. 1), 320–338, hier 324–327.

gottesdienst schweigen“ (1 Kor 14,34; vgl. 1 Tim 2,11 f) ist ein besonders krasses Beispiel dafür. Er entspricht weder dem Verhalten und Geist Jesu noch der grundsätzlichen Sicht des Paulus und der ältesten Christengemeinden. In der Forschung wird der Satz zunehmend als Einschub in den Ersten Korintherbrief betrachtet. Der Einschub ist zwar nachpaulinisch, aber bereits im Urchristentum erfolgt, und zwar aus einem Milieu, das die gleiche Aussage in dem gegen Ende des ersten Jahrhunderts geschriebenen Ersten Timotheusbrief veranlaßte.[22] Diese Beurteilung ergibt sich aus folgenden Gründen: 1. Die Anweisung widerspricht der von Paulus selbst bezeugten Praxis (vgl. 1 Kor 11,5). 2. Sie widerspricht der Tatsache, daß mit und neben Paulus Frauen an der Missionsarbeit und im Verkündigungsdienst der Gemeinden tätig waren (vgl. z. B. Röm 16). 3. Die Anweisung unterbricht im Ersten Korintherbrief den Gedankengang. 4. Sie wurde deshalb in manchen Abschriften der Paulusbriefe an das Ende des Kapitels 14 gerückt. 5. Ihr Vorkommen im Ersten Timotheusbrief läßt erkennen, „wes Geistes Kind sie ist“: Sie ist geboren aus der Abwehr gegenüber der wachsenden Bedrängnis der Gemeinden durch die Gnosis und aus jüdischem sowie griechisch-römischem Einfluß.

Sobald man erkennt, daß es sich um zeit- und kulturbedingte, aus der akuten Bedrohungssituation der Gemeinden entstandene Aussagen handelt, können sie nicht als Anweisungen für die heutigen Lebensformen der Kirche und Gemeinden gelten. Für sie ist das maßgeblich, was sich aus der biblischen *Schöpfungsordnung*, aus dem Verhalten und der Botschaft *Jesu* sowie aus der daran orientierten ur-*christlichen* Sicht ergibt.

[22] So z. B. *G. Fitzer*, Das Weib schweige in der Gemeinde. Über den unpaulinischen Charakter der mulier-taceat-Verse in 1 Kor 14, München 1963; *G. Dautzenberg*, Zur Stellung der Frau in den paulinischen Gemeinden, in: ders., Die Frau (s. Anm. 1), 182–224; *H.-J. Klauck*, 1. Korintherbrief (NEB 7), Würzburg 1984, 104–106; *R. Schnackenburg*, Die sittliche Botschaft des Neuen Testaments, Bd. 1: Von Jesus zur Urkirche (HThK Supplementband), Freiburg – Basel – Wien 1986, 246–250; *Weiser*, Gemeinde (s. Anm. 1), 65–69. – Anders *M. Hauke*, Die Problematik um das Priestertum der Frau vor dem Hintergrund der Schöpfungs- und Erlösungsordnung (KKTS 46), Paderborn 1982, 334–399.

Zusammenfassung. Der Überblick zeigt: Es gingen von Jesus Impulse aus für ein neuartiges gottes- und menschenwürdiges Verhältnis zwischen Mann und Frau. In den urchristlichen Gemeinden verwirklichte sich manches davon in einem hohen Maß gleichwertigen Miteinanders. Die Orientierung am Verhalten und an der Botschaft Jesu sowie an den wegweisenden Lebensformen des Urchristentums ermutigt dazu, daß auch die Kirche unserer Zeit sich auf Neues einläßt: auf eine noch größere aktive Mitbeteiligung der Frauen, auf die Zulassung zu Diensten und Dienstämtern in der Kirche und auf den Lernprozeß aller Getauften, das partnerschaftliche, sich gegenseitig ergänzende Miteinander zwischen Mann und Frau einzuüben.

Hanna-Barbara Gerl

Frau und Kirche

*Elemente einer wechselvollen Beziehung**

„Ich *bleibe* nicht in der Kirche. Ich *bin* in der Kirche, und sie ist in mir. Ich bin ein Teil von ihr, der von ihrem Blut und Atem lebt. Ich bin ihr in der Taufe bewußtlos eingepropft worden, und ich habe dieses Ereignis später im eigenen Entschluß und mit vollem Einverständnis mit dieser glücklichsten aller Fügungen meines Lebens nachvollzogen."[1] Dieser herausfordernde Satz stammt von Ida Friederike Görres (1901–1971), der „nichtstudierten", charismatisch-streitbaren Laientheologin. Oder eine Stimme der letzten Jahre, Tatjana Goritschewa, die 1980 in den Westen abgeschobene Ex-Dozentin für Marxismus-Leninismus aus Leningrad, über ihre Erfahrung: „Kirche ist heute die einzige Stelle bei uns, wo Schönheit, Wahrheit und geistige Energie gefunden werden können in einer trostlosen Wüste der Lüge."[2] Und mit diesen ebenso kämpferischen wie leidenschaftlich ergebenen Gedanken soll die jetzige Überlegung einsetzen.

Um so mehr, als zu dieser Hingabe durchaus die Erfahrung gehört, wie kalt und nichtssagend Kirche für viele ist. Um Ida Görres nicht dem Vorwurf der Blauäugigkeit auszusetzen, noch ein anderes Wort aus ihrem letzten Lebensjahr: „Es gibt das ‚Erwachen der Kirche in den Seelen'. Es gibt auch das Sterben der Kirche in den Seelen. Wir erleben es rund um uns, mitten unter uns, selten als plötzlichen Zusammenbruch unter dem Blitzschlag einer Katastrophe (– enthüllt, wo solche geschieht, sich nicht die Tatsache, daß die Grundmauern schon lange

* Die vorliegenden Gedanken sind ausführlich dargestellt in: *Hanna-Barbara Gerl*, Die bekannte Unbekannte. Frauen-Bilder in der Kultur- und Geistesgeschichte, Mainz: Matthias-Grünewald-Verlag 1988, ^{2}1989.

[1] *Ida Friederike Görres*, Warum bleibe ich in der Kirche? in: dies., Aufbruch, aber keine Auflösung, Freiburg 1971, 127.

[2] Von Gott zu reden ist gefährlich, Freiburg 1984.

unterhöhlt waren? –), sondern das langsame, schleichende, unmerkliche Sterben an Erkältung und Verarmung, an geistiger Unterernährung und Verhärtung. Das schleppt sich so hin, bis die Kirche ihnen nur mehr als ein Äußerliches und Fremdes drückend, fordernd, herausfordernd gegenübersteht, nur Organisation, Zwang, Machtgebilde – auch dort, und das ist wichtig, wo sich noch kein Zweifel an ihrer Lehre erhoben hat. (...) Und das Sterben der Kirche in den Seelen zieht oft genug die Heimatlosigkeit oder gar das Sterben der Religion in ihnen nach sich. Und in wie vielen Geistern kommt es weder zum Erwachen noch zum Absterben, sondern ‚Kirche' ist und bleibt das unverstandene, durch die Taufe ‚zufällig' auferlegte Joch, das aus Gewohnheit weitergeschleppt oder eines Tages ‚verloren' wird, ohne jemals innerlich bejaht zu werden."[3] Ist diese zweite Erfahrung nicht wirklicher und wirksamer? Ist sie nicht auch in vielen, die sich der Kirche zugehörig wissen, zeitweilig als Empfinden anzutreffen? Und dennoch sei hier eine These darüber gewagt, was gerade Frauen bis heute und noch heute in der Kirche halten mag – eine wichtige Erinnerung, damit das Reden von „Frau und Kirche" nicht bloß lamentierend und damit unfruchtbar gerät. Und diese Erinnerung hat von Grund auf mit dem „Weiblichen", d. h. mit der Symbolebene der Kirche zu tun.

Kirche ist ein Ganzes, ein Kosmos geschichtlicher Herkunft; in ihr ist Uraltes gegenwärtig, ursprünglich – zuerst Elemente der alten Religionen, von denen schon Henry Kardinal Newman sagte, aus den Quellen der Heiden könne die Kirche Milch schöpfen (in Anwendung eines Verses aus dem Alten Testament). Dann ohne Zweifel auch Bausteine der Synagoge, an die zu erinnern gerade heute von besonderem Sinn ist. Nur vor dem Hintergrund solcher Herkunft läßt sich auch das Neue, die umgestaltende Kraft der Kirche, klar und nicht einfach bloß utopisch beschreiben. Kirche ist ältestes Potential, Sammlung

[3] *Ida F. Görres*, Die Ruhe der Ungestörten – nicht das Maß der Dinge, in: dies., Aufbruch, 52f.

auch anderer religiöser Schatzkammern, Blutkreislauf der Geschichte, aus dem man nicht einfach austreten kann. Und wer sich um die Zukunft der Frau in der Kirche sorgt, hat in die vielen versunkenen, aber wirksamen Ebenen dieser langen Erfahrung einzutreten.

1. Wenn wir die Überlieferung der Geistesgeschichte prüfen, so nimmt auch Kirche teil an dem „Grundwasser" des religiösen Bewußtseins der ersten Frühe. Man könnte die Kirche vergleichen mit einem großen Haus, das in verschiedene Stockwerke unterteilt ist und mit seinem „Keller" ausdrücklich in den Boden – oder eben ins Grundwasser – der Urgeschichte reicht. Hier ist jene Zeit des „magisch-mütterlichen Urbewußtseins" anzutreffen, das die Tiefenpsychologie heute das „kollektive Unbewußte" nennt. Kennzeichnend sind das Empfinden eines Gruppen-Wir und der Mangel des uns vertrauten Ich-Gefühls. Familie, Sippe, Klan stehen auch durch religiöse Riten unter mütterlicher Hut und Bindung; vorwiegend handelt es sich um Nachtkulturen, ausgezeichnet durch Mondfeste und Fruchtbarkeitskulte. Die mütterliche Frau ist eine (mondbezogene) „Bringerin des Lebens", unbewußte Hüterin der Sippe, die den nicht abreißenden Kreislauf der Geburten garantiert – auch der Tod ist nicht Ende, sondern Übergang zur „anderen", geheimnisvoll gegenwärtigen Seite, oder: er wird überwunden in der Wiedergeburt mit der nächsten Generation. Die Mutter stellt den unbedingt mächtigen und bindenden Bereich vor, das Angstvertreibende in der Urwelt der Angst, das Heimliche in der Welt des Unheimlichen.

Für die Kirche (wie für die Synagoge) sind Wurzeln in dieser nach Hunderttausenden von Jahren währenden Vorzeit erkennbar und überaus wichtig. So ist die Kirche grundsätzlich Mutter (die man im übrigen nie wirklich verlassen kann, selbst nicht bei einem Austritt). In ihr sind Hut und Bindung gegenwärtig; von ihren drei Hochfesten sind zwei Mond- und Nachtfeste, nämlich Weihnachten und die Osternacht, die beide eine Geburt zum Ausdruck bringen. In der Krypta der romanischen Kirchen ist die bergende Höhle als Grund der Kirche noch erhalten; sie bewahrt in ihrem mütterlichen Dunkel die Toten und Lebenden zugleich. Und nicht das Sehenkönnen ist der entscheidende religiöse Vorgang, sondern das geheimnisvolle Dabeisein beim Mysterium, das Eingewobensein in die Ganzheit der Betenden – ohne daß das eigene Gebet hier vorrangig wäre. Die Feste der Kirche schwingen ein in jahreszeitliche Riten: Erntedank (Laubhüttenfest) und die Bitt-Tage vor Himmelfahrt mit ihrem Flursegen zeigen den innigen Bezug zur Erde, zum Sichtbaren, Greifbaren, Sinnlichen: In der Liturgie geht es um Riechen, Hören, Schmecken, um die alte sapientia, die ja Geschmack heißt und nicht bloß Weisheit. (Das Sehen im ausgeleuchteten Raum ist dagegen eine weit spätere religiöse Forderung, welcher erst in den Barockkirchen und mit der Umwendung des Priesters zur Gemeinde in der Liturgiereform stattgegeben wird.) In der Litanei, in den dreimaligen Wiederholungen, im Rosenkranz ist die Bedeutung des Rhythmus, sein Einwirken auf das Unbewußte hörbar. Von jeher hat die Kirche die Bedeutung gerade des Unbewußten anerkannt, so in der Kindertaufe – Eintauchen und Wiedergeburt aus dem mütterlichen Wasser und dem Geist –, so in der Beichte, so in einer Fülle von Sakramentalien mit ihrer heilenden Wirkung. Nicht zuletzt kommt „heilig" ja auch von „heilen", und gerade Frauen – Hildegard, Elisabeth, Ottilie, Walburga – treten als Heilerinnen hervor. Ursprünglich gibt es bei der Taufe, wie die deutsche Etymologie verrät, nur die Gestalt der Patin = Gotin, die als „Hebamme" bei der Wiedergeburt beider Geschlechter und im Namen Gottes, von dem sich die „Gotin" ableitet, auftritt.[4] Der männliche „Gotl" erscheint dagegen erst, als die Bildlichkeit des Geburtsvorganges bereits verblaßt ist.

Unleugbar ist Kirche in dieser tiefsten Aufgabe, der Geburt zu

[4] *Jacob und Wilhelm Grimm*, Deutsches Wörterbuch, Nachdruck der Erstausgabe, München 1984, VIII, 990: „Zu beachten ist die auffallende und von der kirche nicht vorgesehene rolle des weiblichen geschlechts bei der patenschaft, vielerorts kennt man nur eine patin, die gotte (...), während der mann dann nur nebenbei die rolle eines gevatters mit übernimmt."

neuem Leben, mütterlich – bis in die fast „gynäkologischen" Beschreibungen des Taufvorganges hinein: „Aus dem makellosen Mutterschoße des göttlichen Brunnens steige empor ein himmlisches Volk, zu neuen Geschöpfen geboren. Und seien sie auch verschieden nach Geschlecht und Alter, zu gleicher Kindheit gebäre als Mutter sie alle die Gnade."[5] Ihre anderen Symbole, Schiff, Arche, Haus, lassen sich ebenso fast ausschließlich in archetypisch weiblicher Ausprägung fassen. Hugo Rahner hat dazu eine kaum ausgeschöpfte „Lunar-Theologie" bei den Vätern nachgewiesen, also die mütterliche Bildlichkeit der Kirche, aus den Wurzeln ältester Mythen stammend, erneut ans Licht gehoben.[6]

Das erste und wohl tragende Element der Beziehung also zwischen Frau und Kirche ist – vielleicht unvermutet – die unbedingte Mütterlichkeit der Kirche: ihre zutiefst weibliche Symbolik, in welcher sich die Frau und ebenso die Kirche gegenseitig aneinander erkennen. Wo dieses Wissen und sein sinnenhafter Ausdruck verschüttet sind, gehört dies erstrangig neu belebt (wie könnte die Taufe aus solchen Zusammenhängen heraus kraftvoll gestaltet werden!).

2. Eine zweite Schicht, über dem „Keller" gleichsam, bildet das mythische Vorbewußtsein, in dem Kirche ebenfalls beheimatet ist. Sein Kennzeichen kann gelten als die Entsprechung von Innen und Außen, von Sinnlichem und Unsinnlichem, von Seele und Kosmos. Und für diesen Gedankengang von wesentlicher Hilfe: Es ist zutiefst eine Welt des *Symbols*. Denn am sinnlichen Außen des Symbols liest sich die innere Bedeutung ab, oder kürzer: Das Symbol ist, was es bedeutet. Ein ungeheurer

[5] Weihegebet des Taufwassers in der Osternacht.

[6] *Hugo Rahner*, Symbole der Kirche. Ekklesiologie der Väter, Salzburg 1964. – Vgl. Augustinus über die Kirche: „An jenem Tag, wo sie erhöht sein wird, um im Lichtglanz der Fleischesauferstehung mit Christus zu herrschen, wird sie sein wie die nach dem Altwerden sich erneuernde Jugend des Adlers. Dann schwebt sie zur Höhe wie einst, es vollzieht sich an ihr die Auferstehung – so wie wir es im Bilde sehen an Luna, die abnimmt und gleichsam abstirbt, um doch wieder neu geboren zu werden und zum vollen Licht zu wachsen. – Siehe, darin ist sie uns Sinnbild der Auferstehung."

Reichtum von Bildern, Farben, Geschehnissen, Lauten, Zeichen gibt beständig Hinweise auf eine andere Welt hinter und in diesem Kosmos selbst. In allem ist ein „Mehr“ von Bedeutung; das Dasein schlechthin ist sich selbst Geheimnis.

Wiederum ist die Kirche zutiefst durchdrungen von der Welt des Mythischen, eingefaltet im Symbol, in den „heiligen Zeichen“. Sie sind das Reich der Seele, worin die Welt voller Sinn und Bedeutung anziehend-geheimnishaft auftritt. Zu diesen Symbolen gehören im eigentlichsten Sinn die Sakramente, in denen das sinnliche Zeichen mit der unsinnlichen Bedeutung eins geworden ist. „In dem Abendmahle sollen die irdischen Lippen ein göttliches Wesen verkörpert empfangen und unter der Form irdischer Nahrung einer himmlischen teilhaftig werden. (...) immer bleibt es eine heilige, große Handlung, welche sich in der Wirklichkeit an die Stelle des Möglichen oder Unmöglichen, an die Stelle desjenigen setzt, was der Mensch weder erlangen noch entbehren kann. (...) er muß gewohnt seyn, die innere Religion des Herzens und die der äußeren Kirche, als vollkommen Eins anzusehen, als das große allgemeine Sacrament, das sich wieder in soviel andere zergliedert und diesen Theilen seine Heiligkeit, Unzerstörlichkeit und Ewigkeit mittheilt. (...) zum Schlusse werden sodann, damit der ganze Mensch geheiligt sey, auch die Füße gesalbt und gesegnet. Sie sollen, selbst bei möglicher Genesung, einen Widerwillen empfinden, diesen irdischen, harten undurchdringlichen Boden zu berühren. Ihnen soll eine wundersame Schnellkraft mitgetheilt werden, wodurch sie den Erdschollen, der sie bisher anzog, unter sich abstoßen. Und so ist durch einen glänzenden Cirkel gleichwürdig heiliger Handlungen, deren Schönheit von uns nur kurz angedeutet worden, Wiege und Grab, sie mögen zufällig noch so weit auseinandergerückt liegen, in einem stetigen Kreise verbunden.“[7]

Von sich aus ist diese Welt realer Symbolik einer unverbildeten Psyche nicht allein lesbar, sie deutet sich vielmehr selbst. Hier

[7] *Johann Wolfgang von Goethe*, Dichtung und Wahrheit, in: Werke, Hamburg [9]1981, Bd. IX, 289–291.

setzt der ganze kirchliche Reichtum von Farben, Gebärden, Worten ein, den die Seele mühelos auf sich beziehen, woran sie sich ergänzen kann. Im Kreislauf des Kirchenjahres wiederholt sich symbolisch das Heil, das in der Geschichte wirklich wurde, immer erneut und geheimnisvoll gleichzeitig.

Ein weiteres Element also der gesuchten Beziehung: die Erfahrung von der Heilung durch das Heilige (worin kein Unterschied von Mann und Frau besteht). Anders: Die Kirche berührt Frauen (und Männer) kraft der Entsprechung von leiblichem Zeichen und innerer Wirkung. Und nicht umsonst werden auch dabei viele Symbole des Heiligen in ihrer „entsprechenden" Außenseite weiblich dargestellt, weiblich intoniert (eine unerschöpfliche Fundgrube für die einmal aufmerksam gewordenen Sinne!). Ein einziges vielsagendes Beispiel: Die sieben Gaben des Heiligen Geistes erscheinen in der bildenden Kunst als Frauen.[8] Die Logik dieser Bilder – Logik von der weiblichen Leiblichkeit der Schöpfung her ebenso wie vom Aspekt des Geistes her – gehört heute neu erschlossen, als Atem gebende Weite christlicher Symbolik.

3. Die bisher aufgezeigten „Stockwerke" sind heute scheinbar ferngerückt, in ihrer Macht oder Selbstverständlichkeit nicht mehr unmittelbar. Sogar das „Übersetzen" der Symbole, deren Gewalt ja in ihrem Sich-selbst-Zeigen besteht, ist heute notwendig, damit aber in gewisser Weise Ausdruck von etwas Künstlichem geworden. Heute gewohnt ist vielmehr etwas anderes: ein dritter Raum des Hauses Kirche, in dem wir uns normalerweise bewegen; jene Ebene des genauen Denkens, des scharfen Zusehens, der unwiederbringlichen Zeit, des Raumes, der Geschichte, die Welt der begrifflichen Unterscheidung, der theologischen Analyse, der Trennung von Beweisbarem und Unbeweisbarem. Und es ist unbestreitbar, daß diese Welt des Logos die Welt des Eindeutigen, des Klaren, des Lichtes war, die

[8] So besonders schön im Bibliothekssaal des ehemaligen Klosters Wiblingen bei Ulm. Ähnliches gilt bekanntlich auch für die Darstellung der Tugenden und Wissenschaften in weiblicher Gestalt.

über das unscharfe Bild, das vieldeutige Symbol in eine andere Helle hinweghalf. Das Seelisch-Offene wird nun vom Genauen, Durchdachten, ja vom Tagesbewußtsein abgelöst, in dem Gott nicht nur im Geheimnis, sondern im Wissen sich antreffen lassen soll (und läßt!). Der geschichtliche Träger dieses Fortschreitens ist der Vater: der Wahrer des Rechten und des Rechtes, der das Zweideutige, nur Gefühlsmäßige richtet und damit auch ausschließt. Diese kulturelle Entwicklung des Abendlandes spiegelt und verstärkt sich zweifellos im Judentum wie im Christentum. Beide verdanken diesem Väterlichen Notwendiges: die grundsätzliche Entdeckung des Einzelnen – so wie Moses gegen das Volk sich selbst setzt in jenem heiligen Zorn über die kindhafte Gruppe. Ebenso gehört dazu die Entdeckung, daß Gott anders ist als diese Welt, nicht identisch mit der Erde/Materie, vielmehr hoch über ihr, unbesitzbar. Wesentlich kommt dazu, daß Amt, Wirken in der Öffentlichkeit, Herrschaft durch Denken nunmehr Sache des Mannes ist; die Frau wird – als Trägerin der Anima und Inbild der Materia – gebändigt. Eine Vergeistigung, ja Bildlosigkeit des Kultus setzt ein, dem die genaue Bändigung der Triebwelt, auch der Sinne entspricht; alles Wahrnehmbare wird seiner Numinosität entkleidet, ebenso wie die Götter ihrer Sexualität, ihrer sinnlichen Mitteilungen entkleidet werden. Das Sichtbare weist nunmehr weit auf das nicht mehr Sichtbare fort. Fern von der Welt wölbt sich die Überwelt. Selbst über das Symbol hinaus, das ja als „Nahtstelle“ zwischen Außen und Innen unverzichtbar bleibt, wird nun aber das Nichtsymbolische, der Geist, dem Denken wichtig. Gewonnen ist jene entschiedene Klärung des Gottesbildes, das nicht mehr aus Licht und Finsternis ahnungsvoll gewebt ist und die von ihm Abhängigen selbst unentschieden läßt. Unhintergehbar ist das Geistige nunmehr Maßstab des Religiösen, weil Gott sich selbst als Geist offenbart hat.

Stellen wir hier die gewohnte Frage, was die Frau auf die Kirche bezieht, so lautet die schwieriger gewordene Antwort: daß das Ansprechen des Geistigen auch und immer die Frau anspricht. Zwar wird hier der Mann fast exklusiv auf der aktiven

Seite der Kirche sichtbar, dennoch ist mit dem Geistigen Gedanke und Wert der Person entdeckt, der selbst ungeschlechtlich gefaßt ist, da er Freiheit und unspezifische Menschlichkeit meint. Nicht sichtbar, aber „mitgemeint" ist daher auch die Frau als Person dieser Welt des Geistigen zugeordnet.

Und es gehört zu den steten Anstrengungen der großen wie der unbekannten Christinnen, diese Personalität und Gottgerufenheit auch und gerade der Frauen – oft genug gegen die Kulturgeschichte – hervorzuheben, aus der eigenen Erfahrung zu bezeugen. Ein knappes Beispiel für viele: „Es heißt nicht Veritas hominis, die Wahrheit der Männer oder die der Frauen, sondern Veritas Domini, und diese Wahrheit können die Frauen ebenso gut besitzen wie die Männer. Mißlingt es uns, so geschieht es aus Mangel an dieser Wahrheit, aber nicht weil wir Frauen sind." So Mary Ward im 17. Jahrhundert[9] – die ursprüngliche Stimme des Christentums ist hier zu hören, falls sie nicht, wie auch in diesem Fall, von anderen Tönen zugedeckt wurde.

In dieser Kürze und Unvollständigkeit ist der Versuch unternommen, die Kirche selbst als Ausdruck und Beheimatung all dieser verschiedenen Schichten des Erlebens, Erfahrens, Denkens zu zeigen – weit reicher, als es hier erwähnt werden kann. Und dieser Reichtum in der alten Schatztruhe sollte heute neu gesichtet werden. Auch im Verhältnis zur Kirche, und vielleicht sollte man weniger trocken sagen: in der Liebe zur Kirche, sind die unterschiedlichen Gaben unterschiedlicher Jahrhunderte und Einsichten gegenwärtig zu halten. Schon aus dem Grund übrigens, weil heute noch ein weiterer vierter Raum in der Kirche für die Frauen zu öffnen oder vielmehr von ihnen zu gestalten ist.

4. Denn die „Frauenfrage" in ihrer aktuellen Form entzündete sich an der bewußt gewordenen Ungleichbehandlung der Geschlechter durch das Kirchen*recht* – trotz und neben aller

[9] *Mary Catherine Elizabeth Chambers IBMV*, Leben der Maria Ward, hrsg. von H. J. Coleridge, Regensburg 1888/89, 324.

grundsätzlichen Betonung der Gleichwertigkeit aller Getauften in den maßgeblichen theologischen und kirchlichen Dokumenten. Zweifelsohne ist diese Gegenläufigkeit biblisch abgestützt: Zum einen ist die Geschlechterdifferenz ausdrücklich zweitrangig gegenüber der Ebenbildlichkeit von Mann und Frau mit Gott (Gen 1,27) oder gegenüber ihrer Einheit in Christus (Gal 3,28), zum anderen kennen Altes wie Neues Testament deutliche Über- und Unterordnungsregeln (Gen 3,16: Fluch über Eva und ihre Unterwerfung unter Adam; Levitikus: kultische Unreinheit der Frau; 1 Kor: Kleidervorschriften, Stillhalte- und Schweigegebote für die Frau, Gehorsam gegenüber dem Mann; Eph 5 und 1 Tim 2: theologische Begründung weiblichen Gehorsams). Die Historizität dieser Regeln, besonders des Ersten Korintherbriefes, ist erst in jüngster Zeit – durch die Erkenntnisse der historisch-kritischen Exegese[10] – zur Debatte gestellt worden; dabei ergibt sich lösend die Zeitverpflichtetheit, vielleicht sogar die geschichtliche Berechtigung solcher Vorschriften, ohne daß sie deswegen aber als für alle Zeiten verbindlich gelten dürfen. Faktisch haben sich Kirchenrecht oder Usus den Tenor dieser Regeln aber bisher ungeschichtlich zu eigen gemacht: (a) in der qualitativen Unterscheidung des männlichen vom weiblichen Laien in Gemeindedienst und Liturgie, (b) im Ausschluß der Frau vom geweihten Amt. Noch einmal: Jenseits dieser Rechtssatzungen wurden das Christsein der Frau und ihre Befähigung zur Heiligkeit gewöhnlich anerkannt.

Was nun die erste vordringliche Anfrage der Frauen an die Kirche angeht, die Unterscheidung auch der Laien(-aufgaben) nach Geschlechtern, so hat das jüngste Konzil (schon oder erst) 1965 eine Theologie des Laien vorgelegt, in welcher die Unterscheidungen vor dem Entscheidenden verblaßt waren. Nämlich: Jenseits aller Aufgabenverteilungen, Rollen, Biologie ist jeder

[10] Vgl. Die Frau im Urchristentum (QD 95), Freiburg 1983, Studienausgabe 1986; darin besonders: *Gerhard Dautzenberg*, Zur Stellung der Frauen in den paulinischen Gemeinden, 182–224; *W. J. Hollenweger*, Konflikt in Korinth, München 1978; *Susanne Heine*, Frauen der frühen Christenheit, Göttingen 1986; *F. Crüsemann/H. Thyen*, Als Mann und Frau geschaffen, Gelnhausen – Berlin 1978, bes. 107–201.

Getaufte grundsätzlich wie Christus Prophet, Hirte und Priester, ist unterschiedslos zur Heiligkeit berufen, ja verpflichtet. Alle – unabhängig von Stand und Geschlecht – sind zu derselben Vollkommenheit aufgefordert.

Und die Stellung der Frau? Grundsätzlich sind in den Konzilstexten die Frauen mitgemeint, was immer die „gemeinsame Würde", die „wahre Gleichheit", die Zugehörigkeit zum Leibe Christi aller Getauften betrifft. Und in der Tat war die Mitwirkung der Christin nach dieser biblisch-geistvollen Ermutigung über die herkömmliche Aufgabe als Mutter und „Glaubensbotin" für die nächste Generation hinausgewachsen, und zwar organisch: zu Lektorendienst, Predigt, Kommunionspendung, Ministrantendienst, Übernahme von Kommunion- und Firmgruppen, nicht zu vergessen die ersten Frauen auf theologischen Lehrstühlen. Viele Ortskirchen, insbesondere im nordeuropäischen und -amerikanischen Raum, förderten dieses Wachstum.

Und dennoch ist in den letzten Jahren diese geöffnete Tür amtlich oder stillschweigend wieder zugezogen worden – nicht überall, aber doch unübersehbar. Die demütigende Diskussion um die Ministrantinnen, die übrigens spirituell wie kirchenrechtlich absurd erscheint,[11] kann für eine ernsthafte Christin schon als eine mindere Glaubensprüfung gelten … Die kulturgeschichtlich bedingte Priorität des Mannes vor der Frau ist im Raum der Kirche – trotz anderslautender Glaubensaussagen – noch nicht durchbrochen, noch nicht „erlöst". Und darum geht es in diesem vierten Element, dem neuen, neu geforderten, einer vertieften heutigen Beziehung zwischen Frau und Kirche: um die Entwicklung einer umgreifenden, theologisch begründeten Anthropologie *und* um ihre Anwendung auf die Kirche selbst. Beides ist noch nicht zur Gänze geleistet und soll übrigens auch von den Frauen selbst vorangetrieben, in die Theorie und in die Tat gebracht werden. (Dazu gehört auch die Beobachtung und

[11] Vgl. *Ludger Müller*, Gilt das Verbot der Meßdienerinnen noch? in: Archiv für katholisches Kirchenrecht 155 (1986) 126–137.

Kritik von Feminismus und feministischer Theologie, um eine „Unterscheidung der Geister", nämlich von legitimen Anliegen gegenüber ideologischen Zielen, zu leisten.)

Auf Dauer wird auch nicht zu umgehen sein, daß von der biblischen Grundlage her nach der heute gültigen Begründung gefragt wird, ob Frauen tatsächlich von den Ämtern (und es gibt ja nicht nur das Amt eucharistischer Wandlung) ausgeschlossen bleiben müssen.[12] Diese bis an die Wurzel gehende Frage gehört von vielen Seiten her durchdacht und außerdem spirituell geklärt: vom Begreifen der Personalität, von der Realsymbolik des Leiblichen (was sagt mein Leib als Mann und Frau aus?), von der Frage nach dem geschichtlichen *oder* grundsätzlichen Willen Jesu und von dem folgerichtigen Konsens der Kirche her. Denn nicht könnte eine Minderheit einer unwilligen Mehrheit hier neue Regelungen aufpressen. Vielmehr könnte eine Änderung nur aus der Mitte der Kirche kommen, getragen von ihren besten Kräften, und sie müßte nicht nur theologisch, sondern eben auch geistlich erarbeitet sein.[13] Das Argument der Treue zur Überlieferung wiegt schwer. Trotzdem steht heute die Frage an, nicht gemacht, nicht herbeigeredet, sondern dem Ernst des heutigen Glaubensvollzuges gemäß, ob die bisherige Deutung der Weisungen Jesu ausreicht. Bei Paulus lernt man, was Personalität heißt, vor und über aller Biologie: daß wir uns selber, ob Mann oder Frau, nicht zuerst als Chromosomensatz verstehen dürfen, auch nicht als chemische oder physikalische Gesetzmäßigkeit, nicht als psychischen Mechanismus, sondern als personal, das heißt frei, einzig von dem Namen gerufen, den Gott weiß. Und kann von daher nicht auch die Frau „in persona Christi agere" in

[12] Der jüngste Beitrag zu diesem theologisch offenen Thema stammt von *Anton Vögtle*, Die Dynamik des Anfangs. Leben und Fragen der jungen Kirche, Freiburg 1988; ebd. 136–166: Frauen und ekklesiale Funktionen.

[13] Vgl. die nüchterne und zutreffende Einschätzung *Edith Steins* (in: Beruf des Mannes und der Frau nach Natur- und Gnadenordnung. Werke V, Louvain – Freiburg 1959, 42f): „Dogmatisch scheint mir nichts im Wege zu stehen, was es der Kirche verbieten könnte, eine solche bislang unerhörte Neuerung durchzuführen." Dies entspricht auch dem heutigen dogmatischen Standpunkt; s. *Wolfgang Beinert*, Die Frau in der Kirche, in: Zur Debatte, Januar/Februar 1986, 16.

den von ihm gestifteten Ämtern, die ja vorwiegend Dienst sind, sein sollen?

Die zuvor aufgezählten „Räume" des Hauses Kirche sind von dieser Frage nicht betroffen. Trotzdem wirkt der „vierte", heute durch neues Anfragen aufgetane „Raum" auf sie zurück, wird sie vielleicht sogar ihres – vorsichtig sei es gesagt – musealen Charakters entkleiden, neu dem Leben anverwandeln. Was ließe sich, wird diese Potenz einmal freigesetzt, an innerem Wachstum – bisher unerwartet – noch erwarten?

Zunächst freilich geht es um das Ernstnehmen, noch besser: das Wahrnehmen des *gemeinsamen* Priestertums aller Getauften. Und hier sind *redliches* Weiterdenken und Öffnen neuer Wege – nicht aus der Kirche hinaus, sondern in die Kirche hinein – erfordert. Vor allem: Ein Gespräch wird ernsthaft dann, wenn es von *zwei* Seiten geführt wird. Die Mündigkeit des Laien kann sich nicht im bloßen Gehorsam erschöpfen, die Mündigkeit der Christin nicht im bloßen Übernehmen mehr oder minder blutleer gewordener Aussagen über „das Wesen der Frau". Freilich sind Gehorsam wie Mündigkeit nach wie vor seltene Gaben. Die wirkliche Anstrengung liegt darin, Gehorsam und Mündigkeit *aufeinander bezogen und nur miteinander wirksam* zu sehen, als zwei Formen desselben Erwachsenseins zu begreifen.

Noch einmal: Alle obigen Fragen sind nicht aus irgendeinem, sondern aus christlichem Geist gefragt. Man braucht durchaus keine neue, modische Anthropologie und Theologie, sondern die ursprüngliche, biblische. Von daher sind – semper reformanda – Neubestimmungen von Mann und Frau in der Kirche zu leisten, nicht von der Kulturgeschichte her, mag sie noch so vertraut gewordene, bis zu einem gewissen Grad sogar sinnvoll gewesene Gewohnheiten formulieren. Immer noch werden genügend *spezifische* Aufgaben für die Frau bleiben, an erster Stelle wohl die leibliche und seelische Mutterschaft – vielleicht wird sie in ihrer Unersetzlichkeit sogar deutlicher. Aber der *besonderen* Würde der Geschlechter geht die *einheitliche* Würde des Christseins voraus. Und dieses Erstrangige: daß in der Taufe die

Geschlechtsunterschiede verblassen, gehört heute weit entschiedener als eine Herausforderung durch den eigenen Glauben verstanden. Der Formulierung nach immer schon „gewußt", dem Vollzug nach nur mit Zögern geglaubt, sind die alten Sätze beim Wort zu nehmen und mit Fleisch zu bekleiden: „Was steht ihr da, die ihr an Herkunft und Alter, an Geschlecht und an Stand verschieden seid, aber bald eins werden sollt? Flieget doch zur Quelle ..."[14]

[14] *Zeno von Verona,* Taufpredigt (Invitatio ad fontem IV, PL 11, 479): „Quid statis genere, aetate, sexu, conditione diversi, mox unum futuri? Fontanum (...) convolate."

Wolfgang Beinert

Die durstigen Töchter der Samariterin oder: Des Gottesvolkes langer Marsch zum Jakobsbrunnen

Die Antinomie des kirchlichen Frauenbildes

1. Geschlechterkampf

Zu den Höhepunkten abendländischer Dichtung zählen die „Canterbury Tales", die Geoffrey Chaucer am Ausgang des 14. Jahrhunderts schrieb. Im Vergleich zu der am Beginn des gleichen Saeculums entstandenen „Göttlichen Komödie" Dantes hat man sie als „Menschliche Komödie" bezeichnet. In der Rahmenerzählung einer Pilgerreise nach Canterbury führt der Dichter die Vertreter fast aller Schichten und Gruppen seiner Zeit vor. Darunter sind auch zwei Frauen, die „Frau aus Bath" und die Lombardin Griseldis. Bewußt stellt er sie als Gegenbilder mittelalterlichen Frauseins vor Augen.[1]

In der „Erzählung der Frau aus Bath" kommt eine sicher nach dem Leben gezeichnete urwüchsige Gestalt zu Wort. Sie ist vom Wert der Ehe überzeugt und genießt aus vollem Herzen deren Freuden. Vier Gatten hat sie schon zu Grabe getragen, mit dem fünften ist sie verheiratet; stürbe er, würde sie sich wieder verehelichen. Sie ist sehr selbstbewußt und weiß ihr Recht durchzusetzen. Über ihre Verflossenen berichtet sie:

„Ich lenkte sie nach meinem Willen so,
Daß jeder immer selig war und froh,
Konnt er was Hübsches mir vom Jahrmarkt bringen

[1] Die Dichtung wird hier zitiert nach: *G. Chaucer*, Die Canterbury-Erzählungen. Vollständige Ausgabe. Aus dem Englischen übertragen von Martin Lehnert (insel taschenbuch 1006), Frankfurt 1987. Die Erzählung der Frau aus Bath: 211–249; die Erzählung des Scholaren (Griseldis-Geschichte): 281–319. Im Folgenden werden angegeben Seite/Vers(e). – Die Gegenüberstellung der beiden Frauengestalten 318/1170.

Und mir dafür ein liebes Wort entringen.
Denn oft, weiß Gott, schalt ich sie niederträchtig.“[2]

Natürlich kennt sie alle landläufigen Urteile und Vorurteile der Männer gegenüber den Weibern; schlagfertig weist sie sie zurück.

„Unmöglich ist's – ihr könnt mir darin trauen –,
Daß ein Gelehrter gut von Frauen spricht,
Ist es das Leben Heiliger grad nicht,
Von andern Frauen ganz gewiß nicht mehr.“

Aber das hängt nicht damit zusammen, daß die Frauen schlechter als die Männer sind. Die Frau aus Bath gibt eine außerordentlich moderne Erklärung, wenn sie sagt:

„Bei Gott! Wenn Frauen schrieben die Historien
Wie Schreiber einst in ihren Oratorien,
Sie schrieben mehr von Männerschlechtigkeit,
Als Adams Stamm zu bessern wär bereit.“[3]

Männer sind keine Engel, Frauen auch nicht – doch von ihnen wird ebendies erwartet. Die zweite Geschichte macht das klar.

Mit der Griseldis-Erzählung nimmt Chaucer ein Motiv auf, das sich erstmals bei Boccaccio findet, von Petrarca gestaltet wird und einen Siegeszug durch Europa antritt.[4] Die Heldin ist ein junges, armes, ebenso schönes wie tugendsames Mädchen, auf das ihr Landesherr Markgraf Walter ein Auge geworfen hat. Er hält, natürlich ohne sie zu fragen, beim Vater um ihre Hand an und vereinbart die Eheschließung. Von einem Augenblick auf den anderen wird Griseldis zur Entscheidung gezwungen. Walter stellt folgende Bedingung:

„Wollt meinem Willen Ihr mit frohem Herzen
Euch fügen, daß ich völlig nach Behagen,
Wie mir beliebt, Euch schaffe Freud und Schmerzen?
Wollt Ihr bei Tag und Nacht Euch nie beklagen

[2] A. a. O. 217/220ff.

[3] A. a. O. 230/688ff und 231/693ff.

[4] *K. Laserstein*, Der Griseldisstoff in der Weltliteratur, Weimar 1926; *U. Hess*, Heinrich Steinhövels „Griseldis“. Studien zur Text- und Überlieferungsgeschichte einer frühhumanistischen Prosanovelle, München 1975.

Und, sag ich ‚ja‘, nie ‚nein‘ dagegen sagen,
So daß ich selbst nicht finstre Miene sehe?
Beschwört dies, dann beschwör ich unsre Ehe.“[5]

Sie tut's, ohne zu wissen, auf was sie sich da eingelassen hat. Als sie ihrem Eheherrn ein Mädchen gebiert – ein Sohn wäre natürlich willkommener gewesen, doch war ja noch Hoffnung, „da sie nicht unfruchtbar“[6] –, stellt dieser sie sadistisch – „ganz umsonst, weiß Gott“,[7] sagt Chaucer – auf die Probe. Unter Berufung auf den Hochzeitsschwur nimmt er ihr das Kind weg, vorgeblich, um es zu töten.

„Doch weint sie nicht, noch seufzt sie gar im stillen
Und fügt sich völlig in des Grafen Willen.“[8]

Vier Jahre später kommt der ersehnte Stammhalter zur Welt. Als er zwei Jahre zählt, wird auch er der Mutter entzogen, wie sie meint, um dem Schicksal seiner Schwester überantwortet zu werden. Ihre Reaktion:

„Ihr seid mein Herr, ganz nach Belieben mögt
Ihr mit mir schalten; fragt mich nicht um Rat.
Denn wie daheim mein Kleid ich abgelegt,
So legt ich, als ich Euer Haus betrat,
Die Willensfreiheit ab und freie Tat.“[9]

Der Scholar, der in Chaucers Gedicht die Geschichte erzählt, mißbilligt zwar das konkrete Verhalten Walters, meint aber doch prinzipiell:

„Sie zeigte, daß ein Weib, wenn auch versetzt
In Unruh tief, doch nie erstreben sollte
Aus eignem Trieb, was nicht ihr Gatte wollte.“[10]

Schließlich verstößt sie dieser, um, angeblich mit päpstlicher Lizenz, eine neue Ehe einzugehen – mit seiner eigenen Tochter. Griseldis läßt ihn klaglos gewähren und tut den Mund selbst dann nicht auf, als er ihr aufträgt, auch noch die Hochzeit ihrer

[5] A. a. O. 292/350ff.
[6] A. a. O. 295/448.
[7] A. a. O. 295/455.
[8] A. a. O. 298/545f.
[9] A. a. O. 302/652ff.
[10] A. a. O. 304/719ff.

Nachfolgerin zu organisieren. Nur ganz leise deuten sich endlich doch ihre Gefühle an, als sie bei der Vorstellung der Braut den Fürsten bittet, die neue Frau besser als die alte zu behandeln. Jetzt macht dieser dem bösen Spiel ein Ende. Er nimmt Griseldis neuerlich zur Frau – und die bedankt sich freundlich ob solcher Güte.

Chaucer will mit den beiden Erzählungen in satirischer Absicht die Männer- wie die Weiberherrschaft ad absurdum führen, wobei er erstere offensichtlich für schlimmer als die letztere hält. Im Epilog zur Griseldis-Geschichte meint der Scholar:

„O edle Frauen, die so klug ihr seid,
Laßt nicht die Zungen euch in Banden schlagen ...
Zur Herrschaft greift, und mutig sollt ihr's wagen."[11]

Das war ein Aufruf zur Emanzipation, der sicher angesichts des neurotischen Verhaltens der Protagonisten jener schrecklichen Ehegeschichte mehr als angebracht war. Nur ist er damals sowenig wie später gehört worden. Die große Wirkungsgeschichte hat nicht die Frau aus Bath, sondern Griseldis gehabt – Psychoanalytiker könnten wohl am besten erklären, warum das der Fall gewesen ist. Jedenfalls tendierten die allgemeinen Verhältnisse in Richtung auf Billigung des Verhaltens von Walter und seiner Frau, was natürlich nicht ausschloß, daß man sich von den Details gut und gern distanzieren mochte.

Allerdings war es damals sowenig wie später so, wie die Frau aus Bath es beklagt hatte: Es fanden sich stets Frauen, die „die Historien" aus ihrer, der weiblichen Perspektive aufzeichneten. Kurz nach Chaucer schrieb beispielsweise Christine de Pizan (1365 – um 1430) ihre Bücher „Le livre de la Cité des Dames" (1404/05), „Le livre des trois vertus" und den „Trésor de la Cité des Dames". Unter Verweis auf die großen Frauengestalten in Bibel, Geschichte und Mythologie möchte sie ihren Geschlechtsgenossinnen Mut und Selbstbewußtsein vermitteln. Im zuletzt genannten Werk entwickelt sie ein praxisorientiertes Erziehungs-

[11] A. a. O. 318/1183f; 1192.

programm für Frauen. Denn im Gegensatz zur landläufigen Meinung (nicht nur) von damals weiß sie, Frauen sind von Natur aus genauso intelligent und lernfähig wie die Männer, läßt man sie nur an die Bildung herankommen. Seit kurzem liegt „Das Buch von der Stadt der Frauen“ in deutscher Übersetzung vor[12] – es sei zur anregenden Lektüre angelegentlich empfohlen. Ausgangspunkt ist Christines Erfahrung von der allgemeinen Frauenfeindlichkeit ihrer Umwelt: Das weibliche Geschlecht erscheint überall als lasterhaft und dumm, „ein Irrtum der Natur“[13]. Aber, so überlegt sie, läuft das nicht auf die Lästerung Gottes hinaus, der doch die Frauen wie die Männer erschaffen hat? Aus ihrer Ratlosigkeit hilft ihr die Erscheinung dreier edler Damen, der *Vernunft,* der *Rechtschaffenheit* und der *Gerechtigkeit.* Sie geben ihr den Auftrag, eine Stadt nur für Frauen zu errichten. Beim Bau kommen alle Vorurteile gegen Evas Geschlecht zur Diskussion. Die drei Damen zeigen, daß sie entweder haltlos oder ungerechtfertigt sind oder nicht allein für die Frauen zutreffen. Christine plädiert in ihrem Buch nicht für die Umkehrung der Verhältnisse, sondern für eine auf Glaube und Ethos begründete Anthropologie. „Nicht im Körper und im Geschlecht ist die Überlegenheit oder die Niedrigkeit von Menschen begründet, sondern in der Vollkommenheit der Sitten und Tugenden. Und glückselig ist derjenige, der der Heiligen Jungfrau dient, der Herrscherin über alle Engel“, erklärt die Dame Vernunft.[14] Wenn es in der Literatur und der allgemeinen Meinung anders aussieht, so ist das eine Verfälschung. Drei Jahrhunderte vor Kant mahnt *Frau Vernunft* Christine: „Werde wieder du selbst, bediene dich wieder deines Verstandes und kümmere dich nicht weiter um solche Torheiten.“[15] Unter anderem wird die gängige Exegese der biblischen Sündenfallgeschichte als solche Dummheit entlarvt; sie diente noch bis in

[12] *Christine de Pizan,* Das Buch von der Stadt der Frauen. Aus dem Mittelfranzösischen übersetzt, mit einem Kommentar und einer Einleitung versehen von Margarete Zimmermann, Berlin 1986.
[13] A. a. O. 37.
[14] A. a. O. 56.
[15] A. a. O. 40.

unsere Zeit als wichtiges Argument der Antifeministen. Eva, so lautet das Argument, war nicht unmittelbares Geschöpf Gottes, aber fast allein verantwortlich für den Sündenfall. Demgegenüber schlußfolgert Christine – und sie steht hier in einer wenig bekannten, aber gar nicht so schwachen Überlieferungskette[16] –, daß die Erschaffung aus dem Leibe Adams ein besonderer Vorzug Evas ist: sie stammt „aus dem edelsten Material, das jemals erschaffen wurde", nicht aus dem Dreck der Erde. Und ihre Schuld ist letztlich „felix culpa": Sie hat das Ja Marias möglich gemacht, durch welches ein weit höherer Zustand der Menschheit erreicht wurde als der des Paradieses.[17]

Zur Kenntnis genommen wurden solche Überlegungen allerdings nur selten. Sie stammten ja von Frauen – und damit war ihr Platz geortet. Typisch ist das Verdikt, das der französische Literaturpapst der ersten Hälfte unseres Jahrhunderts über Christines Œuvre verhängt hat: Gustave Lanson nennt sie „einen der vollkommensten Blaustrümpfe, den es in unserer Literatur gibt"[18]. Durchgesetzt hat sich stets nur der Antifeminismus. Griseldis siegt über die Frau aus Bath.

Die Deutung der Eva in einem anderen großen Werk der Weltliteratur mag das anschaulich zeigen. Wie Chaucer der bedeutendste Dichter vor Shakespeare ist, so ist John Milton (1608–1674) der größte Sprachmeister nach ihm. Auch er schrieb eine Art Weltgeschichtsdrama, „The Paradise Lost" (1667, ²1674) und „The Paradise Regained" (1670). Das Thema ist der Kampf und endliche Sieg Gottes über Satan, dargestellt im Paradiesesdrama. Miltons These ist ganz klar: Ohne Eva wäre Satan nicht zum Zug gekommen. Hören wir, wie sie bewiesen wird.[19]

[16] Vgl. *E. Gössmann*, Einleitung. Die Gelehrsamkeit der Frauen im Rahmen der europäischen Querelle des femmes, in: dies. (Hrsg.), Das Wohlgelahrte Frauenzimmer (Archiv f. philosophie- u. theologiegeschichtl. Frauenforschung 1), München 1984, 11–13.

[17] *Christine de Pizan*, Das Buch (Anm. 12), 55f.

[18] Zitiert von *M. Zimmermann*, a. a. O. 20.

[19] *John Milton*, Das verlorene Paradies. Das wiedergewonnene Paradies. Vollständige Ausgabe, in der Übertragung von B. Schuhmann, München 1966. Angegeben werden nachstehend Seite/Verse.

Satans Blick fällt nach seiner Verwerfung unheilsinnend auf das Paradies. Er sieht das erste Menschenpaar:

„Für Kraft und Überlegung er gebildet,
Für Milde sie und holder Anmut Reiz,
Für Gott allein er, sie für Gott und ihn.“[20]

Von den weiblichen Reizen fühlt auch Adam sich beunruhigt – und das schon lange vor dem Fall. Er bekennt sich als zu schwach, „der Schönheit mächt'gem Reiz zu widerstehn“[21], auch wenn er weiß, „daß absichtlich die Natur / An Geist und Seelenkräften sie geringer, / an äußrer Zierde reicher bildete“[22]. Mit „umwölkter Stirn“ merkt das Raphael, der als eine Art Mentor der Stammeltern fungiert. Adam solle sich, mahnt er, niemals Evas Willen beugen. Natürlich tut er es doch: Er erlaubt ihr eines Tages, einen anderen Weg zu nehmen als er selber. Wo aber die Frau eigene Wege geht, ist das Verderben schon so gut wie passiert.[23] Satan verführt, Eva genießt die Frucht und will auch den Mann davon kosten lassen. Während in der biblischen Erzählung Adam sich schlicht von Eva verführen läßt, weil er die gleichen Motive hat wie sie, nimmt er bei Milton die Sünde bewußt aus der Motivation von Liebe und Mitleid zu Eva auf sich. Er ist nicht verführt, sondern der starke Mann selbst noch als Sünder:

„Er aß, nicht hintergangen, nicht getäuscht,
Nein, Weibes Reizen töricht unterliegend!“[24]

Nachher bekennt er:

„... Wenn ich irrte,
War's, weil ich dich zu sehr bewundert hab
Und dich für zu vollkommen hielt, als daß
Dir Böses je zu nahen wagte. Jetzt
Reut mich der Irrtum, denn er ward zur Schuld,
Die du mir vorwirfst. So wird's jedem gehn,

[20] A. a. O. 91/297 ff.
[21] A. a. O. 195/533.
[22] A. a. O. 196/540 ff.
[23] A. a. O. Buch 9, VV. 201 ff.
[24] A. a. O. 226/998 f.

Der, überschätzend Weibes Wert, der Frau
Den Willen läßt ...“[25]

Gleichwohl ist der Mann nicht in gleichem Maße schuldig wie die Frau:

„Zwar sündigten wir beide; du jedoch
Nur gegen Gott, ich gegen Gott und dich.“[26]

So klagt sich Eva an; und sehr bald zieht ihr Mann das Fazit aus der ganzen Affäre:

„Doch seh ich nun, des Menschen Unglück nimmt
Stets gleichen Gang, kommt stets vom Weibe her.“

Das ist aus göttlicher Sicht allerdings nur bedingt richtig.

„‚Sprich: Von des Mannes weib'scher Schwäche kommt's!‘
Rief Michael. ‚Er, der höhre Kraft empfing,
Er sollte weiser seinen Platz behaupten.‘“[27]

So ist das Weib letztlich doch des Mannes Untergang: ist er doch immer wieder geneigt, sich blind an sie zu binden und sein Verhältnis zu ihr über das Gottesverhältnis zu stellen. Im „Paradise Regained“ zeigt Milton dann am Gegenbild eines völlig asexuellen Jesus, wie das Heil gewonnen wird.[28]

Im Grunde ist damit die Mehrheitsmeinung der abendländischen Christenheit dokumentiert. Es ist ziemlich gleichgültig, welchen Literaturen und welchen Epochen man die Beispiele entnimmt. Die Tendenz bleibt alles in allem gleich, geringe Modifikationen nicht ausgeschlossen.[29] Gleich bleibt auch die Begründung. Die Quellen des Christentums selber schienen anderes gar nicht zuzulassen. So heißt es noch 1986 im Nachwort zur Reclam-Ausgabe des „Verlorenen Paradieses“: „Die Züge, an denen viele Anstoß genommen haben, ... (Miltons) Betonung männlicher Überlegenheit und anderes mehr sind durchaus biblisch und übrigens im Sinne seines Jahrhunderts so weit

[25] A. a. O. 232f/1177ff.
[26] A. a. O. 260/930f.
[27] A. a. O. 283/632ff.
[28] A. a. O., Buch 2, S. 331–333.
[29] So ist die Stellung der Frau im Mittelalter und in der Renaissance oft wesentlich freier als im 18. und 19. Jahrhundert.

gefaßt, daß ihr dogmatischer Gehalt weitgehend auch für Katholiken annehmbar war."[30] Doch stimmt das wirklich?

2. Geschlechterpolarisierung

Die exegetische Forschung hat in den letzten Jahren ebenso sorgsam wie klar nachgewiesen, daß nach den eigentlichen Intentionen der Offenbarungsbotschaft im Alten und im Neuen Testament von einer Geschlechterhierarchie als gottgewolltem Faktum in keiner Weise die Rede sein kann. Mann und Frau sind in ihrer Geschlechtsbedingtheit verschiedene Ausformungen des Menschseins und als solche einander ebenbürtig und Gottes Gleichbild. Gegen die Marginalisierungen seiner Zeit, die neben anderen Gruppen auch die Frauen betrafen, hat sich Jesus nachdrücklich gewehrt und sich im Zuge dessen für die Anerkennung der Gleichwertigkeit des weiblichen Geschlechtes eingesetzt.[31] Die Tatsachen sind bekannt: Er pflegt Umgang mit Frauen wider alle Sitte; er heilt ihre Gebrechen; er würdigt sie der ersten Ostererfahrung in der jungen Kirche. Deren erste Generation handelt gleichsinnig: Frauen sind die treuesten Bekehrten; Frauen haben die Gabe der Prophetie, Frauen sind aller Wahrscheinlichkeit nach Gemeindeleiterinnen; sie treiben erfolgreich Mission und Katechese. Und nicht zuletzt wird in Maria eine Frau in menschheitsentscheidende heilsgeschichtliche Verantwortung gestellt.

Die neutestamentliche Theologie zeigt sich unverstellt im Bericht von der Begegnung Jesu mit der Samariterin am Jakobsbrunnen (Joh 4,1–42). Im Mittelpunkt der Reflexion

[30] *John Milton*, Das verlorene Paradies. Aus dem Englischen übertragen und herausgegeben von Hans Heinrich Meier (Reclam Universal-Bibliothek 2191), Stuttgart 1986, 406.

[31] Für das NT vgl. z. B. *G. Dautzenberg/H. Merklein/K. Müller* (Hrsg.), Die Frau im Urchristentum (QD 95), Freiburg – Basel – Wien 1983; *M. Küchler*, Schweigen, Schmuck und Schleier. Drei ntl. Vorschriften zur Verdrängung der Frauen auf dem Hintergrund einer frauenfeindlichen Exegese des ATs im antiken Judentum (NT et Orbis Antiquus 1), Freiburg/Schweiz – Göttingen 1986.

steht zwar nicht die Frau. Es geht dem Evangelisten primär um die Selbstoffenbarung Jesu als Retters der ganzen Welt. Das Heil ist für alle da – es gibt im Reiche Gottes keine Randgruppen und Randexistenzen. Im Zusammenhang damit geht es Johannes weiter um die Klärung der Frage nach der rechten Gottesverehrung. Sie ist nicht mehr nationalistisch zu beantworten, sondern noch einmal universalistisch: Gott kann man überall und allenthalben verehren, so dies nur im Geist und in der Wahrheit geschieht. Der Universalismus von Heil, Kult und Mission wird nun aber sozusagen in der Gesprächspartnerin des Herrn verkörpert. Sie ist an sich die lebendige Zusammenfassung aller Widersprüche zur Intention Jesu. Sie ist Sünderin, also nicht im Heil; sie ist Frau, also eigentlich von Natur aus kein volles Mitglied des Gottesvolkes; sie ist überdies noch Samariterin, hat somit den falschen Kult – alles vom traditionell jüdischen Standpunkt aus gesehen. Wenn Jesus sich gerade mit einem weiblichen Menschen, mit diesem weiblichen Menschen nicht nur abgibt, sondern ihn zum Träger seiner Botschaft macht, zeigt er mit unüberbietbarer Deutlichkeit, daß Frauen abstrichlos in den Dienst des Evangeliums einbezogen sind. Schon damals haben sich die Jünger arg den Kopf darüber zerbrochen. „Sie wunderten sich, daß er mit einer Frau sprach, aber keiner sagte: Was willst du?; oder: Was redest du mit ihr?“ (Joh 4,27). Es hätte sie auch theologisch interessiert, aber sie trauen sich nicht.[32] Man kann diese Art von Ehrfurcht heute nur bedauern. Hat sie verhindert, daß Jesus eine unmißverständliche Weisung gab? Zu wundern hat er seinen Jüngern jedenfalls damals wie später Stoff genug gegeben.

Die Frage ist spätestens heute unausweichlich, warum sie es so wenig und so wenig gründlich getan haben und noch immer tun. Die Botschaft Jesu an dieser wie an vielen anderen Stellen im Neuen Testament bezeugt die Gleichbürtigkeit, die Heilsanwartschaft und die Heilsverantwortung der Frauen. Die Kirche hat sich merkwürdig schwergetan, sie umzusetzen.

[32] Darauf weist das Verbum ζητεῖν (*R. Schnackenburg*, Das Johannesevangelium I, (HThKNT IV/1), Freiburg – Basel – Wien 1965, 477).

Die jüngeren Schichten schon des Neuen Testamentes belegen das. Die frauenfeindlichen Stellen aus 1Kor und den Pastoralbriefen sind hinlänglich bekannt. Sie haben eine größere und nachhaltigere Wirkungsgeschichte gehabt als die frauenfreundlichen Perikopen. Das gilt nicht nur für die Zeit der Kirchenväter und die mittelalterliche Theologie, sondern auch noch in den verschiedenen Auflösungsprozessen der Neuzeit. So hat zwar die Reformation mit der Ehe auch die Sexualität gegen das Ideal der Jungfräulichkeit aufgewertet, doch hat sie die generelle Frauenabwertung eher noch vertieft, als sie mit der Marienfrömmigkeit zugleich das einzige halbwegs in die Waagschale einzubringende Gegengewicht zum Patriarchalismus aufhob.[33] Bei Luther kann man lesen – unter dem Titel „Lob den Frauen"! –, diese seien „von Gott dazu erschaffen zu gehorchen, zu delektieren, barmherzig zu sein"[34]. In den Tischgesprächen vermerkt er: „Viri habent lata pectora et parva femora, ideo habent sapientiam. Mulieres habent angusta pectora et lata femora. Mulier debet esse oikouros; id creatio indicat, habent enim latum podicem et femora, das sie sollen still sizen."[35] Das mag eine launige Männerbemerkung sein; sie verrät gleichwohl die Grundströmung des Denkens. Sowenig wie die religiöse Protestbewegung Reformation das traditionelle katholische Frauenbild in Frage stellte, taten es die widerchristlichen Reformbewegungen danach.[36] Die Aufklärung wollte die Menschen aus allen möglichen Abhängigkeiten herausholen; die Frauen hätte sie wie weiland die alten Griechen am liebsten wieder ins Gynäkeion eingeschlossen. Die Französische Revolution trat für Freiheit, Gleichheit und Brüderlichkeit ein; aber die Revolutionäre verbaten es sich nachdrücklich, daß die Frauen diese Ideale auch

[33] Belege bei *W. Beinert*, Maria in der Feministischen Theologie: Cath (M) 42 (1988) 12f. Dazu noch *K. Utrio*, Evas Töchter. Die weibliche Seite der Geschichte, Hamburg – Zürich 1987, 138: „Indem die Patriarchen der Reformation, Calvin, Zwingli und Luther, die Vermittlerin (Maria, d. Vf.) abschafften, nahmen sie der Frau auch die Verteidigerin, Vertraute und Freundin. Mit dem Protestantismus erreichte das Patriarchat im Verlauf der christlichen Zeit seine volle Blüte."

[34] *O. Clemen*, Luthers Werk in Auswahl, VIII. Tischreden, Berlin 1962, S. 1, Nr. 12.

[35] A. a. O. S. 4, Nr. 55.

[36] Vgl. die Darstellung von *K. Utrio*, Evas Töchter (Anm. 33), 288–300, 407–417.

für sich in Anspruch nehmen wollten.[37] Robespierre und andere Jakobiner waren der Ansicht, die Teilnahme der Frauen am öffentlichen Leben sei unnatürlich. Das meinten die Päpste auch.[38] Als im 19. Jahrhundert die soziale Frage wieder zu Reformen drängt, werden die Frauen bestenfalls als selbstlose Gehilfinnen der Arbeiter geduldet. Weder in der Arbeiterbewegung noch in den Gewerkschaften erhalten sie aktive Posten: Die Männer sahen in ihnen eine gefährliche Konkurrenz auf dem Arbeitsmarkt. Zu den großen abendländischen Leistungen zählt die seit der Antike entwickelte Rechtskultur, die stets bemüht war, dem Angeklagten faire Bedingungen zu schaffen. So gehört es seit alters zu ihren ehernen Grundsätzen, daß der Ankläger den Beschuldigten ihre Untat nachzuweisen hat. Nur in drei Fällen wurde eine Ausnahme gemacht – alle betreffen Frauen. Eine der Hexerei angeklagte Frau muß nachweisen, daß sie keine Hexe ist; ein Vergewaltigungsopfer muß beweisen, daß es die Tat nicht durch eigenes Verhalten herausgefordert hat; eine mutmaßliche Kindesmörderin kann sich dem Vorwurf nur entziehen, wenn sie nachweist, daß das Kind bei der Geburt schon tot war.[39]

Was immer also die Kirchen untereinander und Kirche und Gesellschaft sonst noch trennen mag und gegeneinander antreten läßt, was die Frauen angeht, gibt es durch die ganze abendländische Geschichte einen ökumenischen Konsens und eine Große Koalition – den Antifeminismus. Darin waren sich alle einig.

Innerhalb der katholischen Kirche selber ist er allerdings auch nie unwidersprochen geblieben. Die emanzipatorischen Tendenzen des Evangeliums haben sich zu allen Zeiten geltend gemacht. Sie haben aber bislang allenfalls Gefechte gewonnen. Das

[37] Interessanterweise gibt es im Französischen nicht einmal ein eigenes Wort für „geschwisterlich" – das Wörterbuch nennt „fraternel", also primär das Wort für „brüderlich"!

[38] Belege bei *W. Beinert*, Die Frauenfrage im Spiegel kirchlicher Verlautbarungen, in: ders. (Hrsg.), Frauenbefreiung und Kirche. Darstellung – Analyse – Dokumentation, Regensburg 1987, 78f.

[39] Vgl. *K. Utrio*, Evas Töchter (Anm. 33), 435.

Gottesvolk marschiert immer noch in Richtung Jakobsbrunnen. Man darf sich freilich einmal freuen, daß es die richtige Marschzahl alles in allem doch im Kopf behalten hat; man darf zum anderen hoffen, daß das Ziel langsam in Sicht kommt. Im Rückblick zeigt sich ein seltsames Pendeln zwischen Äquivalenz und Subordination.[40] An drei Phänomenen kann man es augenscheinlich machen:

(1) Die Kirche hat immer nachhaltig daran festgehalten, daß *die Frau wirklich und wahrhaftig Mensch* ist. Das ist ihr nicht immer leichtgefallen, und die entsprechenden Scharmützel liegen auch gar nicht lange zurück. Noch 1910 erschien in Halle der Titel von Max Funke „Sind die Weiber Menschen? Mulieres homines non sunt". Mit allen damals aktuellen naturwissenschaftlichen Methoden bemüht der Autor sich zu zeigen, daß Frauen das „missing link" zwischen den prähominiden Affen und dem Homo sapiens sind.[41] So etwas hat die Kirche je zurückgewiesen, aber doch in eigenartiger Abstraktheit. Zugleich sah sie in der Frau oft und oft die andersartige, die minderwertige Natur: Tota mulier est in utero – und so wurde die Frau definiert von ihrem Bezug zur Sexualität des Mannes als Geliebte, als Mutter oder als Prostituierte. Das sind zwar Menschen, doch in abgestuftem Maß zum Manne.

(2) Die Kirche hat in einem langen historischen Vorgang *die Ideale der christlichen Ehe* durchzusetzen versucht. Sie sind alle frauenfreundlich[42]: Dank der Monogamie braucht die Frau keine Konkurrenz zu fürchten; die Unauflöslichkeit schenkt ihr Sicherheit; die Kinderorientiertheit der christlichen Ehe schafft in einer ansonsten geschlechtsfeindlichen Zeit einen legitimen Freiraum für ihre Sexualität. Die Befreiung aus der Familienbestimmtheit durch das Recht der freien Gattenwahl (Konsens-

[40] Das hat mit vielen Nachweisen schon vor über einem Jahrzehnt sehr nachdrücklich *J.-M. Aubert*, La femme. Antiféminisme et christianisme, Paris 1975, gezeigt.

[41] Darauf weist *E. Gössmann* in der Einleitung zu dem von ihr herausgegebenen Band „Ob die Weiber Menschen seyn, oder nicht?" (Archiv f. philosophie- und theologiegeschichtl. Frauenforschung 4), München 1988, 23, hin.

[42] Nähere Hinweise: *W. Beinert*, Braucht Liebe (noch) die Ehe? in: ders. (Hrsg.), Braucht Liebe (noch) die Ehe? Regensburg 1988, 115–148.

prinzip) endlich schenkt der Frau ein wesentliches Stück Selbstbestimmung. Doch auch hier bleibt manches bloßes Ideal: Da auch nach kirchlicher Überzeugung der Mann das herrscherliche Haupt der Frau ist, reduziert sich – realistisch gesehen – das Gattenwahlrecht auf die freie Wahl des Ehe-Herrn.

(3) Die Kirche hat gegen gnostische Tendenzen *die Ebenbürtigkeit der Frau in der Gnadenordnung* festgehalten. Sie kann als Heilige gleichen Kultes wie die Männer teilhaft werden; sie vermag als Ordensfrau ihre Fraulichkeit unabhängig vom Manne zu definieren und kann – als Äbtissin – sogar kirchliche Jurisdiktion bekommen; sie kann wie die Männer das Lebenszeugnis für Christus als Martyrin ablegen. Aber alle diese Möglichkeiten werden gleichzeitig eingeschränkt. Von der Gnade des Weihesakramentes wird sie ausgeschlossen. Noch heute unterliegt die Ordensfrau strengerem kirchlichem Regiment als der Ordensmann. Und bis zur konziliaren Neuordnung der Liturgie rangierte eine Frau, die weder klaustriert noch umgebracht worden war, in der Gruppe „Weder Jungfrau noch Martyrin" – ihre (positive) Heiligkeit konnte nur negativ eingeordnet werden.

Fragt man nach den Gründen, weshalb die ungute und unchristliche Polarisierung nicht überwunden werden konnte, allen Gegenströmungen zum Trotz, so stößt man hauptsächlich auf drei Argumentationsreihen, die sie nachhaltig stützen:

(1) *Die religiöse Argumentation:* Sie beruft sich auf die bereits im Judentum gängige patriarchalistische Exegese der Urgeschichte.[43] Wir haben sie bei Milton im Prinzip kennengelernt. Eva ist die Urmutter aller menschlichen Sündigkeit. Sie ist es geworden nicht als Individuum, sondern aus den Vorgegebenheiten ihres Geschlechtes. Also sind alle Frauen verführerisch, gefährlich, versuchbar, sündengeneigt. Sie sind an allem Übel schuld.

(2) *Die biologische Argumentation:* Da bis ins 19. Jahrhundert

[43] Vgl. *J. Jarvell*, Imago Dei. Gen 1,26f im Spätjudentum, in der Gnosis und in den paulinischen Briefen (FRLANT NF 58), Göttingen 1960; vgl. auch die in Anm. 31 genannte Arbeit von *M. Küchler*.

hinein die Existenz von Chromosomen als Träger der Erbfaktoren sowie die Bedeutung der Ovulation der Frau unbekannt waren, erschien der (allein sichtbare) männliche Samen als einziger Zeugungsfaktor. Folglich ist nur der Mann bei der Zeugung aktiv und somit Träger des vollen Menschseins. Die Frau kann stets nur, wie die Sprache konsequent sagte, „ihrem Manne Kinder schenken". An sich hätten sie alle Jungen sein müssen. Denn es galt das Prinzip, daß jedes handelnde Seiende sich selbst realisiere (Omne agens agit sibi simile). Wenn es dennoch zu Mädchengeburten kommt, kann nur eine Unregelmäßigkeit von außen Schuld haben.[44] Die Frau ist also von Natur aus ein defizienter Mensch.

(3) *Die idealistische Argumentation:* Sie stellt den Versuch dar, die beiden ersten abwertenden Beweisgänge mit der positiven Wertung der Frau im Evangelium zu verbinden. Ihre hohe Zeit war die Romantik; sie wird aber auch noch weit in die Gegenwart hinein vertreten. Startpunkt ist die Ansicht, daß die Frau, wie gezeigt, von Natur aus ein Mängelwesen ist. Während aber bei Thomas von Aquin „Natur" noch Ausdruck für das Freiheit und Geistigkeit einschließende Wesen des Menschen ist, wird sie nun mit der biologischen Natur identifiziert. Diese wird dadurch zu einem moralischen Prinzip. Infolgedessen erscheint als Hochform des Frauseins die Mutterschaft oder die Jungfräulichkeit. Beide setzen eine restlose Hingabe, eine schrankenlose Großzügigkeit und eine selbstvergessene Demut voraus. Diese Eigenschaften werden von den Männern hoch gepriesen, die sich bescheidenerweise dann mit so schlimmen Dingen wie Machtausübung und Herrschaft begnügen und im Dienen gar nichts Herabwürdigendes zu sehen vermögen – vorausgesetzt, man verlangt es nicht von ihnen selber. Eine große Hilfe bei dieser Argumentation war die Marienfrömmigkeit. Maria war ja Mutter und Jungfrau zugleich und damit die Verkörperung aller denkbaren weiblichen Idealität. Sie wird zum Vorbild für alle anderen Frauen. Diese freilich bleiben naturnotwendig hinter ihr

[44] Vgl. *Thomas von Aquin*, STh I 92,1; 99,2; II II 149,4; 165,2; Suppl. 81,3 ad 2.

zurück: sie müssen wählen zwischen Jungfräulichkeit und Mutterschaft. Maria wird zum Vorwurf für die real existierende Frau – sie ist gewiß für viele Zuflucht, sie ist aber auch für eine große Zahl von Frauen Ursache von schlimmen Ängsten.

Keiner dieser Pfeiler des traditionellen Antifeminismus trägt heute noch. Auf den exegetischen Befund haben wir schon aufmerksam gemacht. Über die Hinfälligkeit der biologischen Beweisversuche braucht weiter kein Wort verloren zu werden. Die idealisierende These der Romantik endlich beruht auf einem fragwürdigen Naturbegriff; sie findet auch keine Unterstützung durch die biblische und altkirchliche Mariologie. Mit einem Wort: Der Antifeminismus, wenigstens heute, ist einzig und allein gedeckt durch kulturelle Vorgaben aus der Vergangenheit. Er setzt eine statische Weltordnung voraus, deren Grundprinzip ein unveränderlicher Ordo ist, den Gott selber gesetzt hat. Diese Weltordnung umfaßt Natur und Kultur – oder genauer: die kulturale Ordnung wird mit der Naturordnung einfach gleichgesetzt. Dieses Weltbild hat sich als hinfällig erwiesen. Es wird auf dem Hintergrund einer umfassenden evolutiven Sicht von niemandem mehr wirklich gehalten, der sich mit der Realität unvoreingenommen befaßt. Damit aber hat die Geschlechterpolarisierung, auf der die kirchliche Einordnung der Frau faktisch beruht, keine einzige Grundlage mehr. Sie kann nur um den Preis des Realitätsverlustes noch perpetuiert, nur aus sachfremden Motiven noch in ihren Auswirkungen verteidigt werden.

Nun sind diese Gedanken alles andere als neu; sie sind nicht einmal ausgesprochen neuzeitlich. In ihren Grundzügen finden wir sie schon bei Christine de Pizan und in der ganzen Tradition der „Querelle des femmes“. Das gilt selbst für die Zurückweisung des biologischen Arguments innerhalb des Rahmens des vorwissenschaftlichen Weltbilds. Wir erinnern uns: Eva ist auch ihrem Leib nach nicht minderwertiger als der Mann, da sie ja aus dem unbestritten edlen Körper des Mannes und nicht aus einem Erdbatzen geschaffen wurde. So Christine. Die Frage wird unvermeidlich, warum weder Argumente noch Fakten eine nachhaltige und einigermaßen zeitgleiche Änderung des kirchlichen Frauenbildes erreichen konnten – es schwankt im Grunde nach wie vor zwischen Gleichbürtigkeit und Unterordnung, zwischen Evangeliumsgemäßheit und Kulturverfallenheit.

3. Geschlechteranthropologie

Man wird sich kaum mit einer einzigen Antwort begnügen dürfen. Eine wesentliche Ursache liegt zweifelsohne in einem weitgehenden Ausfall anthropologischer Reflexion in der westlichen Geistesgeschichte überhaupt. Die Antike hatte eine Leidenschaft für Gott; der Mensch interessierte sie viel weniger. Als das Christentum sich dem Hellenismus assimilierte, übernahm es unter anderem auch diese Einstellung. Sie konnte zunächst auch gar keine Korrektur erfahren, gerade weil sich das Christentum nicht hellenisieren lassen wollte: So war die Frage nach dem trinitarischen Gott und nach dem Wesen Jesu des Christus das vorrangige dogmatische Gesprächsthema der ersten Jahrhunderte; alle anderen Probleme traten dahinter zurück. Das Gottespathos verhinderte dann eine nachhaltige Rezeption der chalkedonensischen Aussage, daß Jesus nicht nur Gott, sondern auch uns wesensgleich ist. Das allgemeine spiritualistische Klima der ersten christlichen Jahrhunderte blockierte außerdem die Entwicklung einer ausgewogenen Philosophie und Theologie der Sexualität. Sie wäre notwendig gewesen, um die Tatsache der Zweigeschlechtlichkeit des Menschen denkerisch einzuordnen. Schließlich muß noch ganz allgemein auf die Überzeugungskraft des Traditionsarguments aufmerksam gemacht werden, das innerhalb einer statischen Weltauffassung außerordentliches Gewicht besitzt. Einmal gefaßte Urteile und Vorurteile lassen sich da nur schwer überwinden: Einer solchen Korrektur wohnen automatisch zerstörerische Kräfte ein; sie droht den mühsam austarierten Ordo zur Disposition zu stellen. Nichts Schlimmeres denn dieses ist denkbar!

Gleichwohl wird, so denke ich, dadurch noch nicht alles erklärt. Man muß eine Schicht tiefer graben. Unabhängig von allen konkreten Weltbildern und Weltsichten, von allen religiösen oder philosophischen Konzeptionen machen die Menschen seit eh und je die Erfahrung einer fundamentalen Spannung in der Wirklichkeit: Sie ist dual angelegt. Auf allen möglichen Ebenen zeigt sich dieser Umstand. Er kann benannt werden durch die Binare Geist und Materie, Vernunft und Sinnlichkeit, Wissen und Unwissen, Stärke und Schwäche, Seele und Leib – und auch durch das Binar Mann und Weib.

Neben, hinter und in diesen Dualitäten aber erfährt der Mensch stets eine weitere Spannung: die Spannung zwischen Gut und Böse. Sie zeigt sich als das eigentliche Rätsel des Daseins, das dieses zutiefst in Frage stellt. Sie zeigt sich in einem großen Riß, der die Welt zerspaltet und dadurch die eigene Existenz aufs äußerste bedroht. Unter verschiedenen Namen kann sie auf den Begriff gebracht werden: sie artikuliert sich als Sünde und Heil, als Isolation und Gemeinschaft, als Verfallenheit und Rettung, als Himmel und Hölle, als Sinn und Sinnlosigkeit. Sie erhebt sich als Frage in allen Fragen und bleibt als Frage in allen Antworten. Ebendarum drängt sie nach Lösung: Die Frage kann nicht ertragen werden.

Der Mensch ist nun stets auf klare Verhältnisse aus. So kommt es, daß das Rätsel des Bösen dualistisch gedeutet wird. Gut und Böse erscheinen als zwei oberste Gegensätze, die sich nun in allen anderen Gegensätzlichkeiten der Wirklichkeit dergestalt bemerkbar machen, daß sie je einen Pol mehr oder minder exklusiv bestimmen. Damit wird die Welt heillos aufgespalten, aber sie kann jetzt auch gedeutet werden. Natürlich ist damit noch nicht von vornherein entschieden, wie die Gewichte verteilt werden. Tatsächlich gibt es beispielsweise sowohl die Anschauung des Materialismus, der als oberstes und damit gutes Weltprinzip die Materie annimmt, als auch den Spiritualismus, der „Gut“ und Geist identifiziert. Auf jeden Fall ist mit der Verteilung eine Hierarchisierung mitgegeben. Denn unstrittig ist das Primäre das Gute; nur von ihm her kann das Böse definiert werden, wie immer das im einzelnen auch geschehen mag.

Das Christentum ist de facto in einer Welt entwickelt worden, die patriarchalistisch und spiritualistisch vorprogrammiert war. Die Seele hat den Vorrang vor dem Leib, die Vernunft vor dem Geist – und der Mann vor der Frau. Weil aber die Hierarchisierung ethisch unterfüttert war, bedeutete automatisch jeweils der erste Teil der Dualität das Gute und das Definitionsprinzip für den je anderen Teil. So ist dann ganz selbstverständlich die Frau gegenüber dem Manne inferior, von ihm in allem abhängig und in allem auf ihn bezogen. Ihre Aufwertung kann nur dadurch erfolgen, daß sie ihr Frausein überwindet, soweit das möglich ist. Von Anfang an haben auch die Christen ganz selbstverständlich aus dieser Haltung heraus gedacht. Im frühchristlichen Thomasevangelium beispielsweise lautet das Logion 114: „Simon Petrus sagte ihnen: ‚Maria soll aus unserer Mitte fortgehen, denn die Frauen sind nicht würdig des Lebens.' Jesus sagte: ‚Siehe, ich werde sie anziehen, um aus ihr einen Mann zu machen, damit sie wird, sie auch, ein lebender Geist ..., ähnlich euch Männern. Denn jede Frau, wenn sie sich männlich macht, wird in das Himmelreich eintreten.'"[45] Die Kirche hat den scharfen Dualismus abgelehnt, der sich hier ausspricht, aber sie hat die Denkform übernommen, die sich dahinter versteckt. So können sich die Kirchenväter die Heldenhaftigkeit weiblicher Glaubenszeuginnen nicht anders deuten als dadurch, daß diese eigentlich als Männer handelten.[46] Diese Denkform wird während der ganzen vorindustriellen Epoche niemals effizient in Frage gestellt. Noch dem Spätaufklärer Johann Heinrich Campe (1746–1818) ist es 1789, im Jahr der Französischen Revolution, ganz selbstverständlich: „Gott selbst hat gewollt, und die ganze Verfassung der menschlichen Gesellschaft auf Erden, so weit wir sie kennen, ist darnach zugeschnitten, daß nicht das Weib, sondern der Mann das Haupt seyn sollte. Dazu gab der Schöpfer in der Regel dem Manne die stärkere Muskelkraft, die straffern

[45] *E. Hennecke/W. Schneemelcher*, Neutestamentliche Apokryphen in deutscher Übersetzung I, Berlin 1970, 216.

[46] Vgl. z. B. *Basilius*, Hom. in martyrem Julittam (PG 31, 238–262). Nachweise bei *R. Albrecht*, Erinnern, was vergessen ist. Frauen und der Begriff des Weiblichen in der Zeit der Kirchenväter: StdZ 113 (1988) 326–333.

Nerven, die unbiegsamern Fasern, das gröbere Knochengebäude; dazu den größern Muth, den kühnern Unternehmungsgeist, die auszeichnende Festigkeit und Kälte, und – in der Regel meine ich – auch die unverkennbaren Anlagen zu einem größern, weiterblickenden und mehr umfassenden Verstand." Nach weiteren Ausführungen, die Konsequenzen für die Bildung der Frauen betreffend, schließt der Literat und Verleger Campe: Nach dem Willen der Natur und der menschlichen Gesellschaft sei „er die Eiche, sie der Epheu, der einen Theil seiner Lebenskraft aus den Lebenskräften der Eiche saugt, der mit ihr in die Lüfte wächst, mit ihr den Stürmen trotzt, mit ihr steht und mit ihr fällt – ohne sie ein niedriges Gesträuch, das von jedem vorübergehenden Fuß zertreten wird". Der Titel des Buches, in dem diese Sätze stehen, lautet pikanterweise: „Väterlicher Rat für meine Tochter"; laut Vorwort ist es „vornehmlich für junge Frauenzimmer des glücklichen Mittelstandes" geschrieben.[47]

Auch in der Gegenwart gibt es Theologen, die der nämlichen Denkweise verhaftet sind. So begründet ein erstmals 1982 erschienenes und 1986 neu aufgelegtes Buch den Ausschluß der Frau vom Weihesakrament unter anderem damit, daß bereits die Verhältnisse im Chromosomensatz zeigten, daß „das Weibliche gewissermaßen im Männlichen enthalten (X in XY)" sei. „Aus den männlichen Erbanlagen ließe sich theoretisch durch Verdoppelung des X-Chromosoms ein weiblicher Chromosomensatz herstellen, aber nicht umgekehrt. Die Frau ist gewissermaßen ‚aus' dem Manne genommen. Das Y-Chromosom erscheint geradezu als Symbol der Transzendenz." So findet „das Verhältnis Transzendenz – Immanenz schon in der Biochemie seinen Niederschlag"[48]. Wieder soll die Biologie als Magd der Theologie dienstbar gemacht werden.

In den letzten Jahrzehnten hat die Anthropologie einen phänomenalen Aufschwung genommen. Das gilt von allen ihren

[47] Zit. nach *L. Fertig*, Zeitgeist und Erziehungskunst. Eine Einführung in die Kulturgeschichte der Erziehung in Deutschland von 1600–1900, Darmstadt 1984, 174f.

[48] *M. Hauke*, Die Problematik um das Frauenpriestertum vor dem Hintergrund der Schöpfungs- und Erlösungsordnung (KKTS 46), Paderborn 1982, ²1986, 178f.

Sektionen und Disziplinen, auch vom theologischen Bereich. War sie hier noch unlängst ein Kapitel innerhalb der Schöpfungslehre und eigentlich nur bestimmt von der ethisch-heilshaften Polarität von Sünde und Gnade, d. h. also schlußendlich noch einmal vom Gegensatz Gut und Böse bestimmt, so hat sie sich nunmehr zu einem eigenständigen Traktat innerhalb der Dogmatik ausgewachsen, der die Daten der anderen anthropologischen Bereiche rezipiert. Es hat sich dabei auch für den Theologen klar erwiesen, daß die Welt zwar dual ist, aber nicht dualistisch. Leib und Seele sind unterschiedliche Perspektiven des einen Menschen. Geist und Materie sind aufeinander bezogen. Die Sexualität ist ein Totalprinzip der Personverwirklichung. Mann und Frau sind einander zugeordnete Weisen des gleichen Menschseins.

Damit ist das Grundproblem von Gut und Böse nicht gelöst. Die Frage nach dem Sinn des Daseins bleibt uns weiter aufgegeben. Aber es ist heute klar, daß die Antwort nicht dualistisch gegeben werden kann, indem man das Positive und das Negative säuberlich auf die jeweiligen Pole der Dualitäten verteilt. Damit werden verschiedene Seinsebenen unheilvoll und tragisch vermischt. Die Schöpfung ist als ganze gut, und alles in ihr kann vom Bösen infiziert werden. Man vermag ihm keine Reservate zuzuteilen. Der Geist kann so böse sein wie der Leib; Stärke kann ebenso ungut werden wie Schwäche tugendhaft. Man kann mit der Vernunft nicht weniger Schlimmes anrichten als mit der Sinnlichkeit. So ist auch jede Hierarchisierung und Valorisierung der Geschlechter ohne Anhalt in der Wirklichkeit. Diese weist auf Integrität und Ganzheit, auf Relation und Partnerschaft, auf Zuordnung und Gemeinschaft. Die Welt ist Einheit in Vielgestaltigkeit. Die Verwirklichung des Menschen als Mann und Frau ist dafür ein signifikanter, jeden Menschen betreffender und ihm erfahrbarer Hinweis. Ist der Mensch Christ, dann sieht er darin nicht nur ein krudes Faktum, sondern die Transparentwerdung des Schöpferwillens Gottes. Er schuf *den* Menschen als Mann *und* Frau. Die Überwindung des Sexismus ist dann aber nicht mehr eine mögliche und daher auch bestreitbare Forderung. Sie ist nicht ins Belieben der Christenheit gestellt, sondern Teil des Auftrags der Kirche.

4. Menschheitsversöhnung

Damit aber werden wir wieder auf die Szene am Jakobsbrunnen verwiesen. Sie ist eine ekklesiologische Schlüsselerzählung, wie wir gesehen haben. Die Menschen, die Jesus gegenüberstehen, sind in ihrem Denken von jener Verwechslung bestimmt, die aus dem Gegensatz Sünde und Heil innerweltliche Dualismen ableitet und begründet: Da stehen Juden gegen Samariter, Männer gegen Frauen, der Kultort Jerusalem gegen den Kultort Garizim und damit Rechtgläubigkeit gegen Ketzerei. Jesus macht deutlich, daß durch solche Teilung der Weltwirklichkeit die Sünde nicht gebannt, sondern nur vertieft wird. Seine Sendung besteht darin, die Sünde aufzuheben – und das geschieht, indem er alle isolierenden Teilungen durch versöhnende Synthese aufhebt. Das lebendige Wasser, das er anbietet, ist allen Menschen zugedacht, weil der Gott, der Geist ist, alle Menschen ohne Ansehen ihrer irdischen Qualitäten und welthaften Bindungen berufen hat. Die Antwort des Menschen freilich kann je nur partikulär sein: Sie ist durch seine geschichtliche wie biologische Situation, also auch durch sein Mann- bzw. Frau-Sein konkretisiert. Das gilt für Sünde wie für Heil. So sündigte der Mann wie die Frau, so wird der Mann als Mann, die Frau als Frau gerettet. Das geschieht durch die Beseitigung der Schranken, die sie trennen. Sie resultieren nicht aus der Natur, sondern aus deren Perversion.

Paulus hat diese fundamentale Gerichtetheit des jesuanischen Heilshandelns in seine Sprache übersetzt, wenn er in dem berühmten Text des Galaterbriefes ausruft: „Es gibt nicht mehr Juden und Griechen, nicht Sklaven und Freie, nicht Mann und Frau; denn ihr alle seid ‚einer' in Christus Jesus" (Gal 3,28). Selbstverständlich bleiben die Unterschiede: Judentum und Griechentum werden nicht in einer Welteinheitskultur aufgesogen, auch nicht in einer christlich zu prägenden; der Apostel verkündet keinen sozialen Egalitarismus, und denkt – siehe Philemonbrief – nicht an die Abschaffung der Sklaverei. Und den Geschlechtsunterschied kann ohnehin niemand beseitigen. Aber die Unterschiede begründen keine feindlichen Gegensätze mehr. Was die Menschen als Antwort auf das Problem des Bösen analytisch getrennt hatten, das fügt die Erlösung des Christus synthetisch zusammen. Sie ist Versöhnung (vgl. 2Kor 5,19). Das Unterschiedliche wird hier in das je Andere integriert und gerade so zu sich selbst gebracht.

Der Dienst der Versöhnung aber ist der Kirche übertragen (2Kor 5,18); sie ist nach einem Wort Johannes Paul II. „das große Sakrament der Versöhnung“[49]. Diese Sendung hat sich ihr vor allem in der Neuzeit in unvorgedachter Weise konkretisiert. Die neuzeitliche Wende zum Subjekt hat klargemacht, daß der Kirche erster Weg der Mensch ist und daß sie berufen ist, die Menschen zur Gemeinschaft und zum Frieden zu führen. Diese Einsicht ist ihr, wenn es konkret wurde, niemals leichtgefallen. Das gilt selbst für eine so alte Ungerechtigkeit wie die Sklaverei. Am 13. Mai 1988 feierte Brasilien das Jahrhundertjubiläum ihrer endlichen Abschaffung – das christliche Brasilien war der letzte Staat, der die entsprechenden Gesetze aufgehoben hat.

Jahrhunderte hat es gedauert, bis in unsere Tage hinein, daß das Böse von Antisemitismus und Rassismus eingesehen und das Recht auf Menschenrechte von der Kirche rückhaltlos verteidigt wird.

In der Frauenfrage bahnt sich erst sehr langsam, sehr zögernd, mit unverständlichen Bremsversuchen eine Umkehr an. Sie ist zu beschleunigen mit Mut und Zuversicht – noch einmal: nicht weil das modern ist, sondern weil das nichts anderes ist als die heute geforderte Verwirklichung des Evangeliums. Es ist uns nicht mehr erlaubt, zwischen evangeliumskonformer Gleichwertigkeit und kulturbedingter Subordination in der Schwebe zu

[49] Apostol. Schreiben „Reconciliatio et Paenitentia“ vom 2. 12. 1984 (VAS 60), Bonn o. J. (1985), 21 f.

bleiben. Die Antinomie ist zu überwinden. Die Kirche ist dem Versöhnungsdienst Christi verpflichtet.

Wenn sie also die Stellung der Frau neu und auf allen Ebenen überdenkt und sich vom Evangelium in allen ihren Strukturen leiten läßt, realisiert sie nach dem Willen ihres Herrn das Reich Gottes. An die Stelle des Primats des Weltbildes tritt der Primat der Inkarnation. Von ihr her sind Mann wie Frau fähig und berufen, als Zeichen der Selbstmitteilung Gottes zu fungieren. In der Fülle der Zeit wird dies exemplarisch sichtbar am Manne Jesus, in dessen Nachfolge sich je mein Heil vollzieht, und an der Frau Maria, die Urbild der Kirche als Schwester auf dem Pilgerweg des Glaubens wurde. Die Gleichstellung von Mann und Frau im Christentum ist unter diesen Aspekten von geradezu sakramentaler Bedeutung. Durch sie würde glaubhaft, daß wir an der Güte der Schöpfung Gottes wider alle menschliche Schöpfungsvergewaltigung festhalten. Es würde sichtbar, daß ein umfassender Friede möglich ist, der nicht auf Macht, sondern auf Gemeinschaft und Partnerschaft beruht. Es würde erfahrbar, daß die der Kirche eingestiftete Katholizität wahrhaft befreiend und versöhnend ist. Man braucht nicht viele Worte zu verlieren, um zu zeigen, daß unsere Zeit solche Zeichen überlebensnotwendig braucht. Es muß wohl auch nicht lange argumentiert werden zum Nachweis dessen, daß auch die Christen in der Kirche ihrer bedürfen. Viele Frauen fühlen sich heute in ihr heimatlos und ziehen aus. In der Frauenfrage kulminiert die Laienfrage, deren Lösung zukunftswichtig für die Glaubensgemeinschaft wie kaum ein anderes Problem ist. An welchen Defiziten der gelebte Glaube einfach deswegen leidet, weil die Erfahrung der Hälfte der Christenheit nur mangelhaft in ihn integriert worden ist, vermag man kaum zu ahnen.

Zum Jakobsbrunnen in Israel kann man noch heute pilgern. Nach wie vor kann man ein Schöpfgefäß hinablassen und wird in ziemlicher Tiefe auf frisches Quellwasser treffen. Nur Jesus und die Samariterin wird man nicht mehr finden. Doch die Samariterin hat Töchter und Jesus Jünger. Diese sollen sein Werk fortsetzen und vollenden, nicht mehr an einem topographischen

Punkt in Samaria, sondern bis an der Erde Grenzen. Oft geht es ihnen wie damals den Aposteln: Sie sind mit dem Kauf von Lebensmitteln aller Art beschäftigt. Allenfalls streben sie gerade dem Brunnen entgegen. Und sind sie endlich angekommen, wundern sie sich, wie damals, daß da die inzwischen ziemlich selbständig gewordenen Töchter der Samariterin sitzen, der Frau aus Bath weit ähnlicher als der schönen Griseldis. Sie ziehen sie resolut ins Gespräch und verlangen hartnäckig nach dem lebendigen Wasser, nicht anders als ehedem. Einen Unterschied gibt es freilich zwischen den Erstaposteln und den Jüngern der Gegenwart: Diesen ist nicht mehr erlaubt, die Fraglichkeit des eigenen Denkens, was die Frauen angeht, auf sich beruhen zu lassen. Seit der Zeit der Samariterin haben die Töchter eine echte Chance! Hat denn nicht Jesus doch schon damals eine hinreichende Antwort gegeben – zwar nicht durch eine Jakobsbrunnenhomilie, wohl aber durch sein Handeln an der Samariterin, und dann durch sein Sterben, bei dem es von den Seinen nur ein Halbwüchsiger und ein paar Frauen aushielten, und endlich durch seine Auferstehung, die er erstlich einer Frau kundgetan hat? Und steht nicht im unmittelbaren Zusammenhang mit der Samariterin das Wort: „Ich habe euch gesandt, zu ernten, wofür ihr nicht gearbeitet habt; andere haben gearbeitet, und ihr erntet die Frucht dieser Arbeit“ (Joh 4,38)?

Von uns her ist zu fragen: Wann kommt das Gottesvolk auch noch in seinen letzten Gliedern beim Jakobsbrunnen an? Wenn die Jünger und die Töchter einander dort begegnen, wird der Herr mitten unter ihnen sein.[50]

[50] Nach Drucklegung erschienen noch folgende für diese Arbeit relevanten Publikationen: *H. Ritt*, Die Frau als Glaubensbotin. Zum Verständnis der Samariterin von Joh 4,1–42, in: H. Frankemölle/K.Kertelge (Hrsg.), Vom Urchristentum zu Jesus. Für Joachim Gnilka, Freiburg – Basel – Wien 1989, 287–306; *G. Bachl*, Der beschädigte Eros. Frau und Mann im Christentum, Freiburg – Basel – Wien 1989; *W. Beinert*, Unsere Liebe Frau und die Frauen, Freiburg – Basel – Wien 1989 (hier sind manche Gedanken dieses Aufsatzes weiter ausgeführt worden).